G. E. Moore

Ethics

ジョージ・エドワード・ムーア　深谷昭三 訳

倫理学

りぶらりあ選書／法政大学出版局

目次

凡例

一、本訳書の底本には G. E. Moore, *Ethics*, Home University Library, Thornton Butterworth, 1912. を使用した。原書は、再版以後、何の手も加えられていない。

一、原文中の大文字で始まる語は、訳文中ではゴシック字体でこれをあらわした。

一、原文中、イタリック字体で書かれた部分は、傍点を付して示した。

一、原文中の " " は「 」とし、その他の括弧やダッシュはそのまま使用した。

第一章　功利主義

倫理学は、それを研究するために捧げられたあらゆる時間と労力とにもかかわらず、数かぎりないほど違った意見がこれまでにもあったし、依然として現にあるような主題である。いかにも、いくつかの事柄には大きな意見の不一致はない。ほとんど誰でも意見を同じくしているのは、一般にある種の行為が避けられるべきであり、そしてまた常に繰返される一定の状況のもとでは、一般にある特定の仕方で行為する方が他の仕方で行為するよりも一層善い、ということである。さらに、この世で生起するある事柄については、それが決して生起しなかったとか、少なくとも現に生起しているほどにはしばしば生起しえなかったとすれば一層善いであろうとか、他の事柄については、それが現に生起しているよりもっとしばしば生起したとすればもっと善いであろうということでは、かなり一般的な意見の一致がみられる。しかし多くの問い、たとえばすぐ右に挙げたような種類の問いについてすら、大いに意見を異にしているのである。ある哲学者たちが一般に不正であると考えるいろいろの行為を、他の哲学者たちは一般に正しいと考えているし、ある哲学者たちが悪であると考えている出来事を、他の哲学者たちは善であると考えている。

そしてわれわれがもっと基本的な問いに移っていく場合には、意見の相違はさらにはっきりしているのである。事実、倫理学者がこれまで主として関心を抱いてきたのは、ある行為の仕方が一般にまたは常に正しく、他の仕方は一般にまたは常に不正であるという意味の規則を定めることではなく、また善いものと悪いものとのリストを提出することでもなくて、次のようなもっと一般的でかつ根本的な疑問に答えようとすること、である。すなわち、ある行為は正しいとか為さるべきであるとわれわれが言う場合、その行為について言いたいことは結局どういうことなのか。そしてまた、ある事態が善いとか悪いとわれわれが言う場合、そのことについて言いたいことはどういうことなのか。正しい行為が他の点でいかに異なっているにしても、それらすべてに全く共通に属しているなんらかの一般的特徴を、われわれは見出すことができるであろうか。つまり、それらの正しい行為以外のどんな行為にも属していないなんらかの特徴を見出すことができるであろうか。同様にまた、「善い」ものすべてに全く共通に属しているなんらかの特徴、つまり善いものであるところのもの以外のいかなるものにも属さないなんらかの特徴を、われわれは見出すことができるであろうか。あるいはまた、正しい行為のすべてに等しく当てはまるなんらかの単一の理由、つまりあらゆる場合にある行為が正しいとされるとき、なぜそれが正しいかという他ならぬ理由を、われわれは見出すことができるであろうか。そして同様に、あるものが善いとされるとき、なぜそれが善いかという他ならぬ理由、それゆえまた何でもよいひとつのものが別のものより善いとされるとき、なぜそれがその別のものより善いのかというなんらかの理由を、われわれは見出すことができるであろうか。それとも、ことによったらどちらの場合にも、そのような理由はひとつもないのであろうか。このような種類の問いに対して、いろいろの哲学者たちは依然として実に様々な意見をもっているのである。これらの問いに対して、誰かある哲学者によってこれまでに与えられたいかなる解答も、他の多くの哲学者たちによればその真なることを否定されるであろうというのは本当である、と私は思う。とにかく、これらの基本的な倫理学的問いに関して専門家の間では、数学や自然科学における基本的命題の多くに関してあるような意見の一致は、なにひとつないのである。

さて、私がこの書物のなかで検討したいと思っていることは、まさにこのような種類の問い、つまりそのいずれについても容易ならぬ意見の違いがある問いなのである。しかも、これらの問いについてかくも甚だしい意見の相違が存するという事実から、これらの問いは、それについて真理を見出すにはあまりにもむつかしい問いである、と推測するのは当然である。これは実際そのとおりであると思う。多分これらの問いに対して、今までのところ解答を与えうるようなほとんどどんな肯定的命題も、厳密にかつ絶対的に真であることはないであろう。だが実際、否定的命題——これまでに提出されたある肯定的命題が偽であるという意味の命題——に関しては、事情は異なっているように思われる。われわれがこれまでに提出された肯定的提案のうちあるものが真でないと言うことの方を、それらのうちのどれか特定の提案が真であるということよりもはるかに強く確信するのは無理もない、と思う。ただしこの場合ですら、おそらくわれわれが絶対に確信することは正しくないであろう。

だがしかし、提案されうる仮説のいずれかひとつを、われわれが絶対の確実性をもって容認したり拒否したりすることがいずれも正当化されえないにしても、これらの対立する仮定のうちもっとも重要なものを注意深く考察することは、十分やりがいのあることのように思う。これらの問題について持ちうるいろいろの見解のうちもっとも重要なものを認め、かつお互いにはっきり区別するということは、たとえそれらの見解のうち最善のものさえそれ自身を支持するための或る量の蓋然性しかもっていないということ、そしてまた、それらの見解のうち最悪のものも真でありうる可能性ぐらいはもっているということを、われわれが当然認めるべきであるとしても、そうしてみる価値はある。それゆえ、このことが私の試みてみようと思うところのことなのである。私は、もっとも基本的な倫理学的諸問題のなかの若干のものについて持ちうる種々の見解のうちもっとも重要であると私に思われるものを述べ、かつそれらを相互にはっきり区別しようと思う。これらの見解のあるものは他の見解よりもっと真理に近いように私にはみえる。そこでこれらのうちどれがそうであるかを私は示そうとするのである。しかしどれかひとつの見解が誤りであり、どれか別の見解が少なくともかなり真理に近いということがある程度確かであるようにみえるにしても、後者が厳密にかつ絶対に真であると確信することは極めてむつかしい。

倫理学的議論のさいに生ずる大きな困難のひとつは、われわれが答えたいと思っているものが正確にはいかなる問いであるかということを、完全にはっきりさせることの困難である。そこでこの困難をもっとも少なくするために私は以下の二つの章で、特に単純でしかも理解しやすいようにみえる特定の理論のひとつを述べることから始めようと思う。それは私の知りうるかぎり、ある点では真理に極めて近いのであるが、他の点では全く誤っている理論なのである。そしてなぜ私がこの理論から始めようとするのかという理由は簡単である。というのは、それがお互いに混同されやすい全く別個のいくつかの問いの間にある相違を、特にはっきり示すように思われるからにすぎない。この理論を述べたあとで、この理論に対して種々の理由で主張されるもっとも重要な反論をわれわれが進んで考察するならば、基本的原理に関するかぎり、われわれは倫理学的議論の主要な論題にかなりうまくふれることになるのではないか、と思う。

この理論は身近な事実から出発するのであって、その事実とは、われわれは誰でも実にひんぱんにいくつかの異なった行為のなかから、つまりどれかひとつを選ぶならそれを行ないうるような行為のなかから、ひとつを選んでいるようにみえるということである。そのような場合、われわれが結局選ぶ行為とは別のなにかある行為を実際には選ぶことができたという意味において、われわれが実際に選択しているのかどうかということは、この理論が明言していない問いであって、いずれ後に考察されねばならぬ問題である。その理論が仮定していることは結局、多くの場合われわれが選びさえすればそのいずれをも選ぶことができる相当数の異なった行為が確かにあるということ、そしてそれゆえこの意味において、それらの行為のなかでわれわれは選択するということ、しかし一方ではわれわれがそれらを為そうと選んだとしても、行なうことができないいくつかの他の行為がある、ということに尽きる。言いかえれば、多くの場合もしわれわれが違った選び方をしたとすれば、われわれは違ったように行為したに違いないであろうということを、この理論は仮定しているようである。そしてこのことは、われわれが違ったように選ぶことができたというような事例は決してないと考えるにしても、容認されねばならぬ明白な事実であるようにみえる。そこでわれわれの理論が仮定しているのは、われわれがそれらの行為をおこなう寸前に、かりにそれらの行為をおこなわない方を選んだとすれば、それらの行為をおこなわなかったであろうという意味で、われわれわれの行為の多くはわれわれの意志に統制されている、ということである。そして私は、この種の行為のすべてを随意的行為と呼ぼうと思う。

もしわれわれが随意的行為をこのような仕方で定義すれば、すべてのまたはほとんどすべての随意的行為は、それ自身実際に選ばれたか意志されたかしたものであるということは決して確実ではない、ということが注意されるべきである。われわれが行なっているが、かりに避ける方を選んだとすれば避けえたであろう無数の行為それ自身はなんら意志されたものではなかった、ということは大いにありそうである。それらの行為が「随意的」であるという意味は、ある特定の意志作用がそれらの行為の起こる寸前にそれらを阻止するに足るものであったということであって、それらの行為そのものが意志されることによって引起こされたという意味ではないということだけが、それらの行為について真なのである。そして、多分そこには、かかる行為のすべてを「随意的」と呼ぶ普通の語法とはいくらかそれるところがある。しかしながら、「随意的」という名称を全く確実に現に意志されている行為だけにかぎることが、普通の語法に合致しているとは思わない。そして私がその名称を与えようとする種類の行為は――すなわち、かりにその寸前にわれわれが避けようと意志していたとすれば避けえたであろう行為のすべては、確かになんらかの特別の名称によって区別される必要がある。おそらく次のように考えられるであろう。すなわち、われわれの行為のほとんどすべて、いなある意味では「われわれのもの」と呼ぶにふさわしい行為の全くすべては、この意味において「随意的」なのである。だからこのような特別の名称を用いることは必要でなく、その代りにただ「われわれの行為」とだけ言えばよいのである。そしてわれわれが「われわれの行為」という場合、一般にそれについて考えている行為のほとんどすべてがこのような性質のものであるということ、そしてさらに、われわれが「人間の行為」について云々する場合、ある文脈においては、この種の行為だけをもっぱら指しているということは真である、と思う。ところが他の文脈においては、そのような言い方は人を誤らせるものであろう。われわれの身体と精神とは、行なってはならないということをその寸前に意志するだけでは到底阻止できないものをいつも行なっているということ、そしてわれわれの身体と精神とが行なうこれらのもののうち少なくともあるものは、ある文脈においてはわれわれ自身の行為と呼ばれているということは全く確かである。それゆえ、われわれが私の定義した意味において「随意的」であるところの行為を意味する場合、もしわれわれが「人間の行為」について一般的に云々するとすれば、ある程度混乱する危険がでてくるであろう。したがって、この種の行為に対してなんらかの特別な名称を与えることが好ましいのではあるが、私は「随意的」行為という名称以上にもっと好ましい名称をなんら思いつかないのである。もしわれわれがこれらの随意的行為のうちで、われわれがはっきりそれを行なうことを意志したという意味で随意的である行為をさらに区別する必要があれば、これらの行為を「意志された」行為と呼ぶことで区別できるであろう。

そこでわれわれの理論が主張しているのは、われわれの行為の非常に多くは、かりにその寸前にわれわれが避けるのを選べば避けえたであろうという意味において随意的である、ということである。この理論は、われわれがこのようにそれらの行為を避ける方を選ぶことができたかどうかをあえて決定しようとするのではなく、もしわれわれがそうするように選んでいたとしたらうまくいったであろう、ということを言っているにすぎないのである。そしてこの理論の第一の関心事は、この種の行為が正しかったり不正であったり、または為さるべきであったり為さるべきでなかったり、さらにまたそれらを行なったり行なわなかったりすることがわれわれの義務であったりするとき、その条件についてのなんらかの絶対に普遍的な規則を定めることである。随意的行為の多くは正しく、他のものは不正であるとか、多くの行為はなさるべきであったし、他のものは為さるべきでなかったとか、さらにそれらの行為のうちあるものを為すことが行為者の義務であり、他の行為をなさないことが彼の義務である、とわれわれが考えるのは全く確かである。随意的行為以外のなんらかの行為が正または不正であるとか、あるいは為さるべきであった行為であるとかまたは為さるべきでなかった行為であるとかと、適切に言いうるのか、そしてもしそのように言いうるのであれば、いかなる意味またはいかなる条件のもとにおいてであるかというような問いもまた、この理論が答えようとしていることではない。われわれの理論が言おうとしているのはただ、他の諸行為についても同じように言いうるかどうかは別として、いま述べたことが或る種の随意的行為については適切に言いうる、ということだけである。それゆえ、この理論は厳密に随意的行為だけにかぎられるのであって、それらの行為に関して以下のように問うのである。つまり、これらの随意的行為が正であるというたんなる事実に加えて、正である随意的行為のすべてに絶対に属しており、しかも同時に正しい行為以外のいかなる行為にも属さないなんらかの特徴を一体われわれは見出しうるのであろうか、と。そして同様に、これらの随意的行為が不正であるというたんなる事実に加えて、不正である随意的行為のすべてに絶対に属しており、しかも同時に不正である行為以外のいかなる行為にも属さないなんらかの特徴をはたしてわれわれは見出しうるであろうか、と。かくして「べし」や「義務」という語の場合でも、われわれの理論は為さるべきところの、または為すことがわれわれの義務であるところの随意的行為のすべてに属しており、しかもわれわれが為すべき行為以外のいかなる行為にも属さない或る種の特徴を見出そうとするのであり、同様にまた、為さるべきでないところの、かつ為さないことがわれわれの義務であるところの随意的行為のすべてに属しており、しかもこれ以外のどんな行為にも属さない或る種の特徴を見出そうとするのである。これらの問いのすべてに対して、われわれの理論は比較的簡単な解答を見出しうる、と思う。そして、この理論の第一部をなすものこそこれの解答なのである。もう一度言うと、それは比較的簡単な解答ではあるが、それにもかかわらず、この解答はある程度以上には正確に述べられないのである。それでもなお、私がその解答を正確に述べようとすることはそれだけの価値がある、と思う。

そこでこの理論を始めるにあたって、行為はすべて少なくとも理論的には、それらが引起す快または苦の総量の間にある比例に応じて、ある尺度で排列できるということを指摘しておこう。しかもこの理論がある行為の引起す快または苦の総量について云々する場合、その理論はいまいったことを全く厳密に意味しているということを理解しておくことが極めて大切である。われわれは誰でもみな次のことを知っている。すなわち、われわれの行為の多くはたんにわれわれ自身に対してだけでなく他の人たちに対しても、そして場合によっては動物に対しても同じように快と苦を引起すものであること、そしてこの点に関しては、われわれの行為がもたらす結果は比較的直接的で身近な結果にそれほど限定されるのではなく、それらの間接的で疎遠な諸結果が場合によっては全く同じように、いなそれ以上に大切であるということである。しかし或る行為によって引起された快または苦の総量を知るためにはもちろん、われわれは身近なものも疎遠なものも、直接的なものも間接的なものも、ともかくその行為の結果をすべて完全に考慮しなければならないし、そして快または苦を感ずることができ、それによっていつでも影響されるものをすべて、それゆえたんにわれわれ自身やわれわれの仲間だけではなく、その行為がいかに間接的であれ、快または苦を引起しうる比較的低級ないかなる動物もまた、かくしてもし存在するとすれば同じ仕方で影響をうけるような宇宙のなかにいる他のどんな生物をも、われわれは考慮にいれるべきであろう。たとえば神が存在すると考えたり、われわれの行為によって喜んだり苦しんだりもする肉体のない精霊が存在する、と考えるような人もいる。そしてもしそうであれば、ある行為が引起す快または苦の総量を知るためにはもちろん、われわれはその行為が地球上にいる人間や動物に対して引起す快または苦だけではなく、それが神や肉体のない精霊に対して引起すかもしれない快または苦をもまた考慮にいれるべきであろう。そこである行為が引起す快または苦の総量ということによってこの理論は、それが云々していることを全く厳密に意味しているのである。つまりこの理論は、もしわれわれがひとつの行為から結果する快または苦の量をすべて完全に考慮しうるのであれば、その場合出てくるであろう分量を考えているのである。それらの結果がいかに間接的であり疎遠なものであれ、そしてまたその結果を感ずる存在者の本性がいかなるものであろうと、それにはなんらかかわりなく。

　だがしかし、われわれがこのような厳密な意味において、ある行為によって引起された快または苦の総量を理解するとすれば、その場合には明らかに少なくとも理論的には異なった六つの場合が可能である。

理論的に明らかに可能な第一のことは、(一) ある行為は、それがもたらす全結果においてなんらかの快を引起すが苦は全然引起さないであろう、ということである。そしてまた明らかに可能なことは、(二) ある行為が快と苦とをともに引起すとき、快の総量が苦の総量よりもっと大であろう、ということである。これらのことは論理的に可能な六つの場合のうち二つの場合であり、この二つのことはどちらの場合にも、当の行為は快の苦に対する剰余を引起すとか、苦よりも快をもっと多く引起すものであると言うことによって、一つにまとめて分類することができるであろう。もちろんこの記述は、もし完全に厳密に考えられるならば、この二つの場合の第二番目にのみ当てはまるのである。なぜなら、いかなる苦をも一切引起さない行為は、厳密には苦よりも快をもっと多く引起すとは言えないからである。けれども、この両者の場合をともに包含すると解しうるようなある記述をもつことは便利である。そしてもしわれわれが、苦が全然ないことを苦のゼロ量として記述するならば、そのときには明らかに、いくらかの快を引起しなんの苦をも生みださない行為は、正の量ならどんなものでもゼロより大きいのであるから、苦の量より快の量をより多く引起すと言ってよいであろう。それゆえ私は、便宜上右の二つの場合の両者について、ある行為が快の苦に対する剰余を引起す場合として述べることにする。

しかし、明らかにまた理論的に可能な他の二つの場合は、(一) ある行為がそれの総体的結果においてなんらかの苦を引起すが絶対に快を生みださない場合、および (二) ある行為が快と苦とをともに引起すとき、苦の総量が快の総量よりも大である場合、である。そしてたった今説明した理由から、この二つの場合をひとまとめにして、ある行為が苦の快に対する剰余を引起す事例として述べようと思う。

さらになお理論的に可能な他の二つの場合、しかも二つの場合だけが残っている。すなわち、（一）ある行為が絶対になんの快もまた絶対になんの苦をも引起さない場合、および（二）ある行為が快と苦とをともに引起し、それぞれの総量が正確に等しい場合である。しかももちろん、この二つの場合はともに、当の行為が快の苦に対する剰余も、苦の快に対する剰余のいずれをも引起さないと言ってよいであろう。

それゆえ、間違いなくあらゆる行為について、どんな行為も快の苦に対する剰余または苦の快に対する剰余を引起すか、引起さないか、そのどちらでもないか、のいずれかであるということは、右で説明した意味において真でなければならない。このような三重の分類は可能な六つの場合をすべて含んでいる。しかしもちろん、快の苦に対する剰余または苦の快に対する剰余を引起すなんらかの二つの行為の両者について、一方によって引起された剰余が他方によって引起された剰余よりも大であるということは真であろう。そしてこのことが真であれば、すべての行為は少なくとも理論的にはひとつの尺度で次のように排列されうるであろう。すなわち、快の苦に対する最大の剰余を引起す行為を頂点として出発し、快の苦に対する剰余がだんだんとより小さくなっていく場合を通って徐々に下降を辿り、快の苦に対する剰余または苦の快に対する剰余のいずれをも引起さない行為に達するのである。そのときには再び、苦の快に対する剰余を引起しはするがもっとも小さい可能的剰余しか引起さないところの行為からはじめて、苦の快に対する剰余がだんだんより大となる場合にまで徐々に進んでいき、そのどん底にいたって苦の快に対する剰余が最大のものとなる場合に達するのである。

この尺度がそれに基づいて排列されているところの原理は、かなり複雑な仕方によらなければ正確に述べえないにしても、全く理解しやすいと私は思う。その原理とはすなわち、快の苦に対する剰余を引起す行為はどんなものであれ、この尺度においては、快の苦に対するより小さな剰余を引起す行為よりも、あるいは快の苦に対する剰余または苦の快に対する剰余のいずれをも引起さない行為よりも、さらにまた苦の快に対する剰余を引起す行為のどれよりも常により高いところにくるであろう、ということ。快の苦に対する剰余または苦の快に対する剰余のいずれをも引起さない行為はどんなものであれ、苦の快に対する剰余を引起すいかなる行為よりも常により高いところにくるであろう、ということ。そして最後に、苦の快に対する剰余を引起すどんな行為も、苦の快に対するより大きな剰余を引起す行為よりも常に高いところにくるであろう、ということである。しかも明らかにこの言明はかなり混み入っている。しかしそれにもかかわらず、私の知りうるかぎり、この尺度がそれに基づいて排列されている原理を完全に正確に述べる仕方としては、これ以上に単純なものはないであろう。ひとつの行為がこの尺度において別の行為より高いところにくると言うことによって、われわれは右に挙げた五つの異なった事柄のどれかひとつを意味しうるのであり、そして私は、この五つの場合のすべてに対して全く正確に本当に当てはまるであろう単純な表現をなんら見出しえないのである。

しかしながら、思うに、右の五つの理由のいずれかによってこの尺度では別の行為よりも高いところにくる何らかの行為について、これは他の行為よりもっと多く快を引起すとか、または快の苦に対するより大きな差額を引起すと、倫理学の著者たちの間で曖昧に語るのがならわしのようである。たとえば、われわれが五つの異なった行為を比較しており、それらのうちのひとつがこの尺度では残りのどの行為よりも高いところにくるときには、その五つのもののなかでこの行為こそが快のひとつの最大量または快の苦に対する最大差額を引起すものである、と言うことがならわしになっている。この仕方で述べることは、いろいろ異なった理由から明らかに極めて不正確である。たとえば、この尺度ではより低いところにくるある行為は、もし上位にくる行為の結果がまたはるかに多くの量の苦を引起すことによって相殺されるならば、実際にはその上位にくる行為よりもはるかに多くの快を生みだすことがあるのは明らかである。そしてまた、二つの行為について、そのうちのひとつがこの尺度で別のものより高いところにくるのに、いずれも快の苦に対する差額を引起すことができなくても、両者はともに実際には快以上の苦を引起すことがあるということも明らかである。いま述べた理由や他の理由によって、ひとつの行為の地位はこの尺度でその行為が引起す快の総量によってか、それとも快の苦に対する差額の総体のいずれかによって決定されるかのように云々することは、全く不正確である。しかしこの言い方は不正確であるにしても極めて便利なものでもある。そしてこの二つの二者択一的表現について、もっとも不正確であるところのものがまたもっとも便利なものである。その尺度においてより高いところにくる何らかの行為を、たんにより多くの快を引起すというふうに述べうるということの方が、あらゆるときにその行為が快の苦に対する一層大きな差額を引起すと言わねばならないよりもはるかに便利である。

それゆえ、私はこの曖昧な言い方を、それが不正確であるにもかかわらず採用しようと思う。しかも、私がそれらの語をこの曖昧な仕方で用いようとしていることが最初にはっきり理解されていれば、その曖昧な言い方が必ずなんらかの混乱を招くとは思わない。それゆえ、はっきり理解されねばならないのは、以下に述べることにおいてひとつの行為が別の行為よりも多くの快を引起すものとして語るとき、私は正確に言葉どおりのことを考えているということではなく、前者の行為が以下の五つの仕方のうちのいずれかひとつの仕方で後者の行為に関係づけられている、ということだけである。私が言おうとしているのは、その二つの行為が相互に関係づけられるのは、(一)その両者が快の苦に対する剰余を引起すが、前者の方が後者以上の剰余を引起すということによって、あるいは、(二)前者が快の苦に対する剰余を引起すが、後者は快の苦に対する、または苦の快に対するいずれの剰余をもなんら引起さないということによって、あるいはまた、(三)前者は快の苦に対する剰余を引起すが、後者は苦の快に対する剰余を引起すということによって、あるいはまた、(四)前者は快の苦に対する、または苦の快に対するいずれの剰余をもなんら引起さないが、後者は苦の快に対する剰余を引起すということによって、あるいはさらに、(五)その両者が苦の快に対する剰余を引起すが、前者は後者よりも小さな剰余を引起すということのいずれかによってである、ということである。次のこともまた記憶されねばならない。すなわち、あらゆる場合にわれわれは、可能なかぎりもっとも厳密な意味でそれらの行為によって引起された快および苦の総量について語ろうとしているのであり、言葉をかえれば、絶対にそれらの行為のすべての結果を、それがいかに疎遠で間接的なものであっても考慮しようとしている、ということである。

ところで、ひとつの行為が別の行為以上の快を引起すという言明を、たった今説明された意味でわれわれが理解するならば、第一原理、すなわち私が述べようとする理論が随意的行為に適用されるとき、正および不正について規定するところの第一原理を、次のように言い表わすことができるであろう。この第一原理は非常に単純なものである、というのは、それは次のように主張するだけだからである。すなわち、随意的行為が正しいのは、行為者が実際になした行為以上の快を引起したであろうと思われる、他のどんな行為をかりに選んだとしても為しえなかった時にはいつでも、しかもその時にだけである、ということであり、かつまた、随意的行為が不正であるのは、行為者が実際になした行為以上の快を引起したであろうと思われる、何か他の行為をかりに選んだとしたら為しえたであろう時にはいつでも、しかもその時にだけである、ということである。忘れてならないのは、われわれの理論は、いかなる行為者であれ彼が実際に遂行した行為以外のどんな行為でも、そのつもりになれば選びえたであろうということを主張するのではない、ということである。われわれの理論が主張しているのはただ、すべての随意的行為の場合には、行為者はかりに彼が選んでいたとしたら異なったように行為しえたであろう、ということだけであり、彼が選択しえたであろうということを主張するのではない。それゆえわれわれの理論は、正および不正ということは行為者が何を選びえたかということに依存する、と主張するのではない。このことに関してわれわれの理論は、全くなんの主張をもしないのである。すなわち、われわれの理論は正および不正がそのようなことに依存するということを、肯定も否定もしないのである。それはただ、正および不正は、行為者がもし選べば為しえたであろうしまたは為しうるところのことに依存する、ということだけを主張するにすぎないのである。随意的行為の場合にはどんなときでも、ひとはかりに行為の寸前に選んだとすれば少なくとも別のある行為をなしえたであろう。このことが随意的行為の定義であった。しかも多くの行為がこの意味において随意的であるということは、全く確実であるようにみえる。そしてわれわれの理論が主張するのは、行為者が右で述べたようにかりに選んだとしたら他のように為しえたであろう諸行為のなかに、彼が実際に選んだもの以上の快を引起すであろうと思われる行為がある場合には、彼の行為は常に不正であるが、それ以外の場合にはすべて彼の行為は正しい、ということである。これこそわれわれの理論が主張しているところのことである。もっとも「より多くの快を引起す」という言い回しが、右に説明した不正確な意味にとられているということを、われわれが忘れないかぎりにおいてではあるが。

しかし、以下で述べることにおいてわれわれがこの理論を言明するときには、さらにもうひとつの不正確さを持込む方が便利であろう。すでに明らかなようにこの理論は、随意的行為が正しいか不正かどうかという問いは、行為者がかりに選んだとすればその代りに為しえたであろう他のすべての行為のなかに、彼が実際に選んだ行為以上の快を引起すであろうと思われるなんらかの行為があるかないか、という問いに依存するということを主張している。それにしても、われわれがこの理論に言及せねばならぬときにはいつでも、「行為者がかりに選んだとしたらその代りに為しえたであろう他のすべての行為」という言い回しをそっくり用いることは非常に不便であろう。それゆえ私は、このような言い回しをするかわりに簡単に「行為者がなしえたであろうと思われる他のすべての行為」、あるいは「行為者に可能であった他のすべての行為」と言うことにしよう。もちろんこの言い回しは不正確である。なぜなら、行為者がもしそれらの行為を選びえなかったとすれば、彼はそれらの行為を為しえたであろうということは、ある意味においては真でないからである。そしてわれわれの理論は、行為者があらゆる場合にそれらの行為を選びえたかどうかということを言おうとしているのではないのである。その上、たとえ行為者が選ばなかった行為を時にはいい選ぶことができたということが真であるにしても、いつもそうとはかぎらないということも、かなり確かなことである。すなわち、行為者がかりに選んだとしたら確実に為しえたであろうと思われる行為を選ぶことは、時として彼の力の及ばないことだということもかなり確かなことである。それゆえ、行為者がもし選んだとしたら為しえたであろうと思われるすべての行為が、あらゆる意味で彼の為しえたであろう行為であるということにはならない、よしんばそれらの行為のなかにそういった行為があるということは真であるとしても、そうである。しかしそれにもかかわらず、私は簡潔を期するために、それらの行為のすべてを行為者がなしえたであろうと思われる行為として話そうと思う。そしてまたこのことは、もし私がそのように言おうとしていることが明晰に理解されるならば、混乱を招くことにはならないであろうと思う。そこで私が以下において、行為者がなしえたであろうすべての行為とか、一定の状況のもとで行為者に対して開かれているすべての行為というとき、私は、行為者がかりに選んでいたとすれば為しえたであろうすべての行為だけを意味しようとしている、ということがはっきり理解されねばならぬ。

以上のことを理解すれば、われわれの理論が設定する第一原理を全く簡潔に、次のように述べることができるであろう。すなわち、「随意的行為が正しいのは、一定の状況のもとで行為者に可能な他のどんな行為も、その行為以上の快を引起さないであろうというときにはいつでも、しかもそのときにのみであり、それ以外のすべてのときにはその行為は不正である」と。このことこそ正しい随意的行為のすべてに属しており、しかも、これらの行為のなかで正しい随意的行為にのみ属するところの特徴は何であり、不正な随意的行為のすべてに属しており、しかも不正な随意的行為にのみ属するところの特徴は何であるか、という問いに対する答えである。しかしまた、われわれの理論は随意的行為の他の二つの種類――為さるべきであるとか為さるべきでないところの行為と、為すことまたは為さないことがわれわれの義務であるところの行為――について、全く同じ問いを問うていた。しかもこれらの概念に関する問いに対するわれわれの理論の答えは、正および不正に関する問いに対するわれわれの答えとある点で異なっており、そしてその点は事実それほど重要ではないが、注意するに足るものである。

随意的行為が正しいのはただ、行為者がその代りに為しえたであろうどんな行為よりもっと多くの快をそれが引起す場合だけである、とわれわれの理論は主張しているのではないということが、すでにみてとられたであろう。われわれの理論が主張するのはただ、そのような行為が正しくあるためには、行為者がその代りに為しえたであろうなんらかの行為と少なくとも同じだけ多くの快を引起さねばならぬ、ということにすぎないのである。われわれの理論がこのように限定されるのは次の理由からである。ある一定の瞬間に行為者に対して開かれた選択可能な行為のなかで、正確に等しい量の快を引起すであろうと思われる二つまたはそれ以上の行為があるかもしれないし、それらのすべてが他の選択可能な行為のいずれよりも多くの快を引起したということは、少なくとも理論的には明らかに可能である。そしてこのような場合われわれの理論は、これらの行為のどれかひとつは全く正しいであろう、と言うであろう。それゆえこの理論は次のことを認める、すなわち、行為者に対して開かれた諸行為がどれひとつとして、為すべき他ならぬ正しい行為として特徴づけられえない場合があるということ、それどころか、多くの場合にいくつもの異なった行為がすべて等しく正しいものでありうるということ、あるいはまた表現をかえれば、ある人が正しく行為したということは、かりに彼がその代りに他の行為を為したとすれば不正に行為したことになるであろう、ということを必ずしも含意するものではない、ということである。そしてこのことは確かに普通の言い方と一致している。われわれが誰でも絶えず暗に考えているのは、ある人が彼の現に為したことを行なったということにおいて正しかったようなときがないわけではないが、そのときでも彼がそれと異なったように行為していたとしても同じように正しくありえたであろうということ、つまりその人に対して開かれたいくつかの異なった選択可能な行為がありうるし、そのいずれもが明確に不正であるとは言いえない、ということである。このことこそ、ある行為はそれが他の選択可能な行為のどれよりももっと多くの快を生みだす場合にのみ正しいという見解に、われわれの理論が言質を与えない理由なのである。というのは、この見解がその通りであれば、二つの選択可能な行為のいずれもが決して同じようには正しくありえないであろう、ということになり、それらのうちどれかひとつが常に正しい行為というものということになって、その他のすべてのものは不正となるであろうからである。まさにこの点においてわれわれの理論は、「べきである」や「義務」という概念が、何が「正しい」かということの概念と異なるとみなすのである。われわれが人はひとつの特定の行為をなす「べきである」とか、または行為をなすことが彼の「義務」であるとか言うとき、われわれは、彼がそれ以外のなんらかのことをすれば不正となるであろうと暗に考えているのである。したがってわれわれの理論は次のように主張する。「べきである」とか「義務」という場合には、われわれが「正しい」という場合には言いえないところのこと、すなわち、ある行為はそれがその代りに為しえたであろうと思われるどんな行為よりももっと多くの快を生みだす場合にのみ為さるべきであり、またはそれがわれわれの義務であると言ってよい、と。

右の区別からいくつかの帰結がでてくる。まず第一に、随意的行為が「正しく」ありうるのは、それがわれわれの為す「べき」ところの行為、またはそれを為すことがわれわれの「義務」であるところの行為であることなしにである、ということ。もちろん、われわれが正しく行為しなければ、われわれは為すべきでないことを常に為していることになるであろうという意味において、正しく行為することは常にわれわれの義務である。それゆえある意味においては、われわれが正しく行為するときにはいつでも常にわれわれの義務を行なっており、われわれが為すべきことを行なっている、ということは真である。しかし特定の行為が正しいときにはいつでも、その特定の行為を行なって他の行為を行なわないことが常にわれわれの義務である、ということは真なることではない。このことが真でないのは、少なくとも理論的には他のある行為が全く同じように正しくありうる場合が生じうるからであり、そのような場合、われわれは他の行為をなさずにこの特定の行為をなしたとしても、なんら責務にかなっていないのは明らかである。すなわち、われわれがどちらの行為を行なうにしてもわれわれの義務をなし、われわれの為すべきとおりに為しているのであろう、ということになるからである。しかも、そのような場合は実際には決して起らない、と断言することは無分別であろう。われわれは誰でもそのような場合は起ると通常考えている。実際われわれは非常にしばしば、なにか他の行為をなさずにひとつの行為をなすべきような積極的義務におかれているのではない、つまりわれわれがどちらの行為をなしたとしても問題ではない、と考えているのである。そこでわれわれは、注意して次のように断定することのないようにせねばならぬ。すなわち、正しく行為することが常にわれわれの義務であるから、したがって正しい行為はどんな特定の行為であれ、それは常にまたわれわれの為すべき義務であるところの行為である、ということである。事実はそうはならない、なぜなら、ある行為が正しい場合でもそれ以外の行為をなすことが不正となるであろう、ということにはならないし、一方ある行為が、義務またはわれわれの積極的に為すべき行為であるとしても、それ以外のどんな行為をなすことも常に不正となるであろうからである。

そこで、一方では正しいところのことと、他方では為さるべきまたはわれわれの義務であるところのこととの間にある右の区別から帰結する第一の結論は、われわれが為すべきでありまたは為すことがわれわれの義務であるところの行為でなくても、随意的行為は正しくありうるということである。そしてこのことからさらに、「正しいこと」と為さるべきところのこととの関係は、「不正なこと」と為さるべきでないところのこととの関係と同等ではない、ということが帰結する。不正であるところの行為はすべてまた為さるべきでないところの、かつ為さないことがわれわれの義務であるところの行為でもあり、そしてまた逆に、為さるべきでないところの、または為さないことがわれわれの義務であるところの行為はすべて、不正なのである。これら三つの否定的名辞は正確にしかも無条件に外延を同じくする。ある行為が不正であるとか不正であったと言うことは、その行為が為さるべきでないとか為さるべきでなかったということを含意しており、そしてその逆の意味もまた成り立つ。しかし「正しい」とか「べき」という場合には、この二つの換位命題の一方しか成り立たないのである。為さるべきところの、またはわれわれの義務であるところの行為はすべて、確かにまた正しいものである。つまりどんな行為であれ、それが義務または正しいということは、それが正しいまたは義務であることを含意する。しかしこの場合、その逆は真ではない。なぜなら、すでに明らかなようにある行為が正しいと言うことは、それが為さるべきであるとか、それがわれわれの義務であるということを含意するのではないからである。すなわちある行為は、「べき」と義務のいずれもがこの行為に当てはめられなくても、正しくありうるのである。この点で「正しい」と「為さるべきである」という二つの肯定的概念の関係は、「不正な」と「為さるべきでない」という否定的概念の関係と同等ではない。この二つの肯定的概念は同じ外延を持たないのに、二つの否定的概念は同じ外延を持つのである。

そして最後に第三に、随意的行為はすべて例外なく正または不正のいずれかでなければならないのに、それが為さるべきであるか為さるべきでないかのいずれかであるということ――すなわち随意的行為をなすことがわれわれの義務であるか、それともそれを為さないことがわれわれの義務であるかのいずれかであるということは、随意的行為のすべてについて決して必然的に真であるわけではない、ということもまた帰結する。それどころか、特定の行為をなすことがわれわれの義務でもなければ、ましてやその行為を為さないことがわれわれの義務でもないような場合は、全くしばしば起りうるのである。このような事例は、われわれに対して開かれた選択可能な行為のなかに二つまたはそれ以上のものがあって、そのいずれもが等しく正しいものであるような場合にはいつでも起るのである。それゆえわれわれは、われわれがいろいろの行為について選択をまかされているときにはいつでも、それらの行為のなかには常に或るひとつの行為があって（かりにわれわれがそれを見出しえたとすれば）、その行為こそわれわれが為すべきところの他ならぬ行為であり、それに反して他のすべての行為ははっきり不正である、と想定してはならないのである。それらの行為のなかには、われわれが為すべき積極的責務となるような行為がなにひとつないという場合も十分ありうるであろう、もっとも、そうすることが正しいことであるような行為が、少なくともひとつは常に存在しなければならないとしても。一定の状況のもとで正しい行為がただひとつだけたまたま存在する場合――言いかえれば、いくつかの行為のすべてが等しく正しいであろうというのではなくて、われわれに対して開かれた選択可能な行為のうちあるひとつの行為が、為すべき他ならぬ唯一の正しいものであるという場合、しかもその場合にのみ、われわれがはっきり為すべきであるところの行為は存在するのである。それゆえ多くの場合、随意的行為についてそれを為すことが行為者の義務であったとか、それを為さないことが彼の義務であったと、われわれははっきりとは言いえないのである。われわれに対して開かれた選択可能な行為のいずれもが、はっきり義務によって命ぜられているものではない場合がありうるであろう。

そこで、要約すれば、この理論がその最初の一組の問いに与える答えは次のようなものである。この理論によれば、正しい随意的行為のすべてに属し、正しい随意的行為にのみ属する特徴はこうである。すなわち、正しい行為はすべて少なくとも行為者がその代りに為しえたであろうと思われるいかなる行為とも同量の快を引起すということ、あるいは表現をかえれば、それらの行為はすべて快の最大量のひとつを生みだす、ということである。為さるべきところの、または為すことがわれわれの義務であるところの、すべての随意的行為に属し、しかもこれらの行為にのみ属している特徴は、この理論によれば、右の特徴とはいささか異なったものである。すなわちそれらの行為はすべて、その行為者がその代りに為しえたであろうと思われるいかなる行為よりも多くの快を引起すということ、あるいは言葉をかえれば、それらの行為が選択可能な行為のすべてのなかで他ならぬ快の最大量を生みだすのである、ということである。そして最後に、不正であるところの、または為さるべきでないところの、さらには為さないことがわれわれの義務であるところの随意的行為に属し、しかもこれらの行為にのみ属する特徴は、これら三つの事柄のすべてにおいて同一である。すなわちこれらの行為のすべては、その行為者がそれ以外に為しえたであろう他のある行為よりいっそう少ない快しか引起さない、ということである。これら三つの言明は相まって私がこの理論の第一部と呼ぶものを構成する。そして、われわれがこれらの言明に同意するにしても同意しないにしても、思うに、それらの言明は極めて基本的性質の命題であり、極めて広範囲の命題であるということが、少なくとも認められねばならないので、したがってできることなら、これらの言明が真であるかどうかを知ることは、それだけの価値があるであろう。

　しかし、この理論の第一部は決してそれの全体ではない。少なくとも同じように重要な他の二つの部分がある。そこで、この理論に反対することになるかもしれない諸異論をすすんで考察するまえに、二つの他の部分を述べることが最善であるように思う。しかしながら、これらの部分は新しい章の主題とするのが便利であろう。

第二章　功利主義（続き）

前章において私はひとつの倫理理論の最初の部分を述べたが、それを選びだして考察したのは、私がその理論に同意するからではなく、それが倫理学的議論のもっとも基本的ないくつかの主題のあいだの区別を特にはっきり示すように、私にはみえたからである。この最初の部分は次のこと、すなわち、正しい随意的行為のすべてに間違いなく属しており、しかも正しい随意的行為にのみ属する一定の特徴があるということ、および為さるべきであり、または義務であるところの随意的行為のすべてに属しており、しかもこれらの随意的行為にのみ属する右のものと密接な関係をもつ別の特徴があるということ、さらにまた、不正な、つまり為さるべきでないまたは為さないことがわれわれの義務であるところの随意的行為のすべてに属しており、しかもこれらのことが当てはまる随意的行為にのみ属するような第三の特徴がある、ということを主張する点にあった。そしてこの理論が右のような諸主張をなす場合、その理論は「すべて」と「のみ」という語が全く厳密に解されるべきである、ということを意味している。言いかえればこの理論は、それの諸命題がこれまでに為されたところの、またはこれから為されるであろうところの全くすべての随意的行為に、しかも誰がそれを為したとか、いつそれが為されたとか為されるであろうとかいうことにかかわりなく当てはまることを意味しており、しかも現実に為されたところの、または為されるであろうと思われるところの随意的行為だけではなく、ある一定の意味において可能であった、または可能でありうるところのすべての随意的行為にも当てはまることを意味している。

この理論が右の諸命題を現実的な行為と同じく可能的な随意的行為にも当てはめようともくろむ意味は、われわれが「可能的」という名称を行為者が選んでいたとすれば為しえたであろうすべての行為に対して、しかも将来誰かある行為者がそれらの行為をおこなおうと選んだとすれば為しうるであろうすべての行為に対しても、与えることに同意する場合にのみ成立するということを忘れてはならない。この意味において可能的諸行為は完全に明確なひとつの群を形成している。そして事実われわれはしばしば、それらの行為が正しかったであろうとか、正しいであろうとかいうことについて判断をくだしており、さらにそれらの行為が過去において為さるべきであったとか、将来なさるべきであるとかいうことについて、判断をくだしているのである。「誰れそれはその場合このことを為しておくべきであった」とか、「彼がこのことを為していたとすれば全く正しかったであろう」、たとえ事実上彼がそのことを為さなかったとしても、とわれわれは言う。あるいは「あなたはこのことを為すべきである」とか、「あなたがこのことを為すのは全く正しいであろう」、とわれわれは言う。たとえ当の行為はあなたが現実には行なわなかった行為であるということが、あとになって判明するとしても。そこでわれわれの理論は、この意味で過去において可能であった行為のすべてについて、これらの行為が快の最大量のひとつを生みだしたであろうと思われる場合、しかもその場合にかぎってそれらの行為は正しいものであったであろう、と言う。

そして同様に、現実的な過去の随意的行為のすべては、それが快の最大量のひとつを生みだした場合、しかもその場合にかぎって正しかった、と言う。さらに同じような仕方で、将来起りうるであろう随意的行為のすべてに関して、これらの行為が快の最大量のひとつを生みだすであろうという場合、しかもその場合にかぎってそれは正しいであろう、とわれわれの理論は言う。全く同様にわれわれの理論は、現実に為されるであろうすべての行為に関して、それらの行為が快の最大量のひとつを現に生みだす場合、しかもその場合にかぎって正しいであろう、と言う。

そこで、われわれの理論はその最初の部分においてすら、ある意味では現実的行為と同様に可能的行為を扱うのである。この理論がわれわれに示すと公言するのは、現実の過去の随意的行為のなかでどれが正しかったかということだけでなく、可能であった随意的諸行為のなかで、かりに為されていたとすればどれが正しかったであろうかということであり、さらにまた、将来現実に為されるであろう随意的諸行為のなかで、正しくあるであろうところのものだけでなく、可能であろうと思われる随意的諸行為のなかで、かりに為されるとすればどれが正しいものとなるであろうか、ということである。そしてこのようなことを示す場合にはもちろん、その理論はわれわれにひとつの規準または吟味の手段、ないしは標準を与え、そしてそれによってわれわれは、これまでに行なわれたり、または現実に行なわれるか、可能的に行なわれるであろう絶対にすべての随意的行為に関して、少なくとも理論上はそれが正しかったかどうか、または正しくあるであろうかどうかを知りうるのである。現実に為されたところの、または過去に可能であったところのひとつの随意的行為に関して、それが正しくあったかまたは正しくあったであろう、ということをわれわれが知りたいと思うならば、ただ次のように問いさえすればよいのである。すなわち、他ならぬその場合、行為者はその行為の代りにそれ以上の快を生みだすように思われるなにか別の行為を為しえたのであろうか、と。かりに彼がそのような別の行為をなしえたとすれば、当の行為は不正であったかまたは不正となったであろうし、彼がそのような別の行為をなしえなかったとすれば、当の行為は正しかったか正しくなったであろう。そして同様に、われわれが将来為そうともくろむある行為に関して、はたしてその行為をなすことが正しいかどうかということを知りたいと思うならば、ただ次のように問いさえすればよいのである。すなわち、私はこの行為のかわりにそれよりも多くの快を生みだすように思われるなにか別の行為をなしうるであろうか、と。もしそのような行為をなしうるとすれば、この行為をおこなうことは不正となるであろうし、そのような行為をなしえないとすれば、この行為をおこなうことは正しいことになるであろう。そこでわれわれの理論はその最初の部分においてすら、正および不正に関するひとつの絶対に普遍的な規準をわれわれに与えると公言し、そして同様にまた、何が為さるべきであり何が為さるべきでないかについての、ひとつの絶対に普遍的な規準をわれわれに与えると公言する。

しかし、われわれの理論は右のことを公言するにしても、それが公言していない別のことがある。われわれの理論がその最初の部分で主張するのはただ、快の最大量のひとつを生みだすということは事実上すべての正しい随意的行為（現実的であれ可能的であれ）に、しかも正しい随意的行為にのみ属しており、また属するであろうところのひとつの特徴であるということだけである。この理論はその最初の部分で、かかる諸行為が正しいのはそれがこの特徴をもっているからである、ということを主張しようとしているのではない。この第二の主張は、われわれの理論がそれの第二部でおこなおうとする最初のものである。そして思うに、どんな人でもこの二つの主張の間には重要な相違があるということを理解するであろう。

多くの人は次のことを認めてもよいという気になるのではないであろうか。すなわち、ある人が不正に行為するときにはいつでも常に、彼の行為は全体からみて、かりに彼がそれと異なったように行為したとしたら結局その場合に生ずると思われるよりもっと大きな不幸をもたらすということ、そして彼が正しく行為するときにはこのような結果は決して生じないということ、逆に正しい行為は常に最後には、その行為者が為そうとすれば為しえた他のいかなる行為によっても多分もたらしえたであろう幸福と全体からみて少なくとも同量の幸福をもたらす、ということがそれである。不正な行為は常に、そして（この宇宙がどのように作られているかを考察すれば）常に、その行為者がそれとは異なったように行為することによってもたらしうるよりももっと少ない快を結局のところもたらし、またもたらすであろうというこの命題は、さらにまた、正しい行為はこのような結果に決して到らないし到らないであろうという命題は、非常に多くの人びとが受け入れたいと思うような命題である。しかもこれだけが、われわれの理論がその最初の部分で主張することである。しかしこの命題に同意したいと思うような人びとの多くは、一歩すすんで、このことこそ諸行為がそれぞれ正しかったり不正であったりする理由である、と主張することには大いにためらいを感ずるようである。右の二つの立場には非常に重要な相違があるようにみえる。たとえば、われわれは次のように考えることができる、すなわち殺人という行為はそれが不正である場合には常に、その行為者がかりに選んだとすればその行為の代りに彼が行ないえた他の選択可能な行為を選んだ場合にともなうであろうと考えられる不幸よりも大きい不幸を生みだす、ということである。そしてこのことは、現実的なものであれ可能的なものであれ、他のすべての不正な行為にも当てはまり、どんな正しい行為にも当てはまらない、とわれわれは考えることができる。しかし、殺人とかその他すべての不正な行為は、それらが不正であるとき不正であるのは、それらの行為がこのような結果をもつがゆえに──つまり、それらの行為が可能な快の最大量よりも少ない快の量を生みだすがゆえに、と考えることは全く別の事柄のようにみえる。言いかえれば、われわれは次のように考えることができるであろう。すなわち、ある随意的行為が快のひとつの最大量より少ない快の量を生みだすかまたは生みだすであろうという事実は、絶対に常にその行為が不正であるということのしるしであるが、一方その随意的行為が快のひとつの最大量を生みだすかまたは生みだすであろうという事実は、絶対に常にその行為が正しいということのしるしである、と。しかしこのことはまた、これらの結果が正および不正のしるしであるということの他に、いろいろの行為はそれらが正しい場合になぜ正しいのか、そしてそれらが不正な場合になぜ不正であるのかという理由でもある、という全く別の命題に対して、われわれに言質を与えるようには思われない。この区別が重要なものであることは誰でもわかると思うが、それにもかかわらず、この区別はしばしば倫理学的議論においては看過されているように思う。そしてまさにこの区別こそが、われわれの理論の第一部と私が呼んだところのものを、その理論の第二部でさらにおこなおうとする主張の最初のものと区別させるところのものである。われわれの理論が第一部で主張するのはただ、快のひとつの最大量を生みだしたり生みださないことが絶対常に、普遍的に随意的行為における正および不正のしるしである、ということにすぎない。しかしその理論が第二部でさらに主張するのは、いろいろの随意的行為はそれらが正しい場合には正しく、不正な場合には不正であるということは、それらの行為がこれらの結果を生みだすがゆえであるということである。

そこで、われわれの理論がその第一部でおこなった主張、つまり正しい随意的行為のすべて、そして正しい随意的行為のみが事実快のひとつの最大量を生みだすという趣旨の主張と、われわれの理論がいまさらにおこなおうとする主張、つまりこのことが、それらの行為が正しいということの理由であるという主張との間には、明らかにかなり重要な相違がある。そして、なぜこの相違が重要であるのかとわれわれが問えば、その答えは私の知りうるかぎり次のようなものである。すなわち、いろいろの行為が正しいのはそれらが快のひとつの最大量を生みだすがゆえに、とわれわれが言う場合われわれが暗に考えているのは、それらの行為がこのような結果を生みだしたのであれば、それらの行為は、それらが生みだす他の諸結果にかかわりなしに常に正しいであろう、ということである。要するに、諸行為の正しさはそれがもたらす他の諸結果にはなんら依存せず、むしろそれらの行為が生みだす快の量に依存するだけである、とわれわれは考えているのである。そしてこのことは、快のひとつの最大量を生みだすことが常に事実上正しさのしるしであると単純に言うこととは、大いに異なった事柄である。現にあるがままのこの宇宙において、快と苦がわれわれの行為の唯一の結果では決してないということは、全く明らかである。つまり、われわれの行為はすべて快と苦のほかに無数の結果を生みだすのである。そして、快のひとつの最大量を生みだすことが正しさのしるしであるとのみわれわれが主張するかぎり、われわれは、そのことが正しさのしるしであるのはただ、快をもたらすこれらの結果が常に事実上他の諸結果の招来とたまたま合致するからであるという可能性、いやむしろ行為の正しさは、一部にはこれらの他の諸結果にかかっているという可能性を、未決定のままにしているのである。ところが、行為が正しいのはそれが快のひとつの最大量を生みだすがゆえである、とわれわれが主張するやいなや、われわれはこの可能性を切りすててしまうのである。つまり快の最大量を生みだした行為は、たとえそれらの行為が事実上常に生みだすところの他のどんな結果をも生みださなかったとしてもなお正しくあるであろう、とわれわれは主張することになる。そして思うに、このことこそ第一の命題に同意したいと思う多くの人びとが、なぜ第二の命題に同意することをためらうのかという主な理由であろう。

たとえば、一般には次のように考えられている。すなわち、ある種の快はたとえそれが他の快に比べ快さは少ないとしても、それよりも高級であるとかより善いものである、と。したがってまたわれわれが、われわれ自身または他の人のために高級な快を獲得すべきか、それとも低級な快を手に入れるべきかを選ぶ場合、たとえ高級な快がおそらく快さは少ないとしてもこの快の方を選ぶことが一般には正しい、と。しかも言うまでもなく、行為が正しいのはただそれが生みだす快の量のゆえであって、この快の質のゆえでは全くないと考える人びとですら、高級な快がたとえ快さは少ないとしても、低級な快よりも高級な快の方を選ぶことが事実上一般に正しいと、完全に首尾一貫して考えているかもしれないのである。彼らがこのように考えるのは、高級な快はたとえそれ自身としては快さは少ない場合であっても、われわれが、この快がもたらすそれ以上の結果のすべてを考慮すると、全体からみれば低級な快以上の快をもたらす傾向がある、という理由によるのであろう。この宇宙が現にあるがままであれば、右に述べたようなことが現実に起ることもあるということ、したがってそれゆえ、低級な快の代りに高級な快を享受させる行為は一般に、それの直接的諸結果においてはあまり快を引起さないとしても、その全体的結果においてはより多くの快を引起すであろうという見解に対しては、言うべきことがいろいろとある。しかもこのことこそ、高級な快の方が低級な快より一般に選ばれると考える人びとが、それにもかかわらず、なぜ事実快のたんなる量が常に行為の正しさの正確なしるしないしは規準である、ということを認めようとするのかという理由なのである。

しかし、行為が正しいのはただそれが生みだす快の量のゆえであると考える人びとはまた、高級な快がその全体的結果において低級な快以上の快を生みださない場合、高級な快そのものは快がより多くなければ、高級な快を選ぶためのいかなる理由もないであろうと考えなければならない。かりにひとつの行為の唯一の結果が一定量のもっとも野卑なまたは馬鹿げた快の享受であり、そしてもうひとつの行為の唯一の結果がはるかに洗練された快の享受であるとすると、その場合それぞれの事例において享受される快のたんなる量が同一であるという条件だけであれば、後者の快の方を前者の快より好ましいとするいかなる理由もないであろう、と考えなければならない。しかし、かりにこの野卑な快がもうひとつの快よりほんの僅かでも快が多くあれば、そのときには彼らはこの野卑な快をもたらす行為をなすことの方が、もうひとつの快をもたらす行為をなすことよりもわれわれの積極的義務となるであろう、と言わなければならない。このことこそ、行為はそれが快のひとつの最大量を生みだすがゆえに正しい、という主張から生ずるところのひとつの結論であり、しかも快のひとつの最大量を生みだすことが常に事実上正しさのしるしであるというたんなる主張からは、決して出てこない結論である。そして、この二つの命題を区別することが大切であるのはまさにこのためであり、またこれと類似する諸理由のためでもある。

多くの人びとにとって明らかなようにみえるのは、ある種の快がたとえ快のより多くの量を伴わなかったとしても、それの方を他の快よりも選ぶことがわれわれの義務であろうということ、そしてそれゆえ、快のひとつの最大量を生みだす行為が事実上おそらく常に正しいけれども、それらが正しいのはこのことのためではなく、むしろ快の最大量という結果を生みだすことが、他の諸結果を生みだすことと事実たまたま合致するからに他ならない、ということである。彼らが言いならわしているのは、事実上、快のひとつの最大量を生みだす行為をなすことが不正であるとか不正となるであろうというような現実的事例は、おそらく決して起らないにもかかわらず、そのような行為をすることが不正となるであろうような事例を想像することは容易である、ということである。たとえば、そこに住む人びとのすべてがもっとも低級な官能的快のみを楽しみうるような宇宙を創ることか、それとも彼らが最高の知的快や審美的快を楽しみうるような別の宇宙を創ることかのいずれか一方を、われわれが選ばねばならないとしたら、明らかに前者よりも後者を創ることがわれわれの義務であろう、たとえ後者の宇宙において享受されるたんなる快の量が、前者のそれにおいて享受されるよりも少なかったとしても、いわんやその両者の量が等しいとすればなおさらのことである、と彼らは言うであろう。簡単に言えば、人間の世界の方が豚の世界より好ましい、たとえ豚どもが人間の世界と同量の、またはそれ以上の快を享受しうるとしても、と彼らは言うであろう。しかもこのことこそ、われわれの理論が、随意的行為が正しいのはそれが快の最大量を生みだすがゆえにと言う場合、われわれが拒否しようとすることなのである。このように言うことは、快の最大量を生みだした行為は、それがもたらす結果が他の諸点でいかなるものであれ常に正しいであろう、という意味である。それゆえ、知性もなければ高級の情緒も存在しない世界を創ることとの方が、知性や高級の情緒が最高度に存在する世界を創ることよりも正しいであろう、ただし前者の世界において享受されるたんなる快の量が、後者のそれで享受されるよりもいささかでも大でありさえすれば、という意味である。

そこでわれわれの理論はその第二部で、随意的行為はそれが正しいときに正しいのは、それが快の最大量を生みだすがゆえにである、と断言するのである。そして、このことを主張することにおいてわれわれの理論は、それの第一部で主張したところのことを越えて偉大な一歩を踏みだすのである。というのは、いまやこの理論は、快の最大量を生みだした行為は、それがもたらす諸結果が他のいろいろの点で、この行為以外の可能的行為の諸結果といかに比較されようとも常に正しいであろう、ということを意味しているからである。

しかし、そうであるとしてもなおその理論は、このことが絶対無条件にいつもそうであるということを意味するのではない、と考えられるかもしれない。現にあるがままのこの宇宙においては、行為はそれが快の最大量を生みだすがゆえに正しく、したがって行為の正しさは行為がもたらす他の諸結果にはいささかも依存しないとしてもなお、このことはただ、宇宙にいるすべての意識的存在者は現実にたまたま快を欲求しているというような理由から、そうなっているにすぎないのであり、われわれが快の欲求されないようなひとつの宇宙を想像しうるとすれば、そのときにはかかる宇宙において行為というものは、それが快の最大量を生みだしたからといって正しいのではない、と考えられるかもしれないし、それゆえ、考えうるすべての宇宙において、いかなる随意的行為であれそれが快の最大量を生みだしたときにはいつでも、しかもそのときにかぎって正しいであろうということを、われわれは全く無条件に設定することはできないと考えられるかもしれない。このような理由によって、随意的行為はそれが正しいときに正しいのは、それが快の最大量を生みだすがゆえにであるというたんなる主張と、このことは考えうるすべての状況のなかで、しかも考えうるいかなる宇宙にあっても常にそうであるだろうというもうひとつの主張とを、われわれは区別せねばならないと考えられるかもしれない。前者を主張する人びとは必ず後者をも主張すべきである、ということにはならない。この後者を主張することはさらに一歩を進めることなのである。

ところが、私が述べたいと思う理論は、事実この一歩を進めるものなのである。この理論が主張するのは、現にあるがままのこの宇宙において、随意的行為はそれが快の最大量を生みだすがゆえに正しいということだけではなく、このことは考えうるどんな状況のもとでも常にそうであろう、ということである。さらに、考えうるなんらかの宇宙において、考えうるなんらかの存在者がより多くの快を引起すと思われる行為と、より少ない快を引起すと思われる行為とのいずれか一方を選ばねばならぬことになれば、彼の宇宙がわれわれの宇宙といかなる点で異なっていようとも、後者の行為より前者の行為を選ぶことが常に彼の義務となるであろう、ということである。一見すると、いかなる倫理学的真理も、この意味で全く無条件的なものでありうると主張することは、不当に大胆なものであるようにみえるであろう。しかし右のことから、いくつかの基本的な倫理学的原理は確かに無条件的なものである、と考えた哲学者は多いのである。それにまた、いささかなりとも反省してみれば、これらの原理が多分無条件的であろうという見解は、いずれにしても、不合理なものではないということが十分わかるはずである。このような性質を明らかに持つようにみえる他の真理の例はいろいろとある。たとえば、現にあるがままのこの宇宙において、二の二倍は四であるということが真であるだけではなく、考えうるどんな宇宙においても、たとえその宇宙が他の諸点でわれわれの宇宙といかに異なっているとしても、二の二倍は必然的に四となるということが真であるのは、全く明白であるようにみえる。そして、われわれの理論が主張しているのはただ、正しさと快の最大量の産出ということとの間にあるとこの理論が信じている結びつきは、この点では、われわれが二の二倍は四になると言うとき、二という数と四という数との間にあると主張される結びつきと同じである、ということだけである。いかなる状況のもとであれ、なんらかの存在者が、一方が他方以上の快を生みだすと思われる二つの行為のひとつを選ばねばならないとすれば、常に後者より前者を選ぶことが彼の義務となるであろうということ、しかもこのことは絶対無条件に真であるということを、われわれの理論は主張するのである。この主張は明らかに、われわれの理論がそれの第一部でおこなった主張、すなわち、快の最大量を生みだすことこそあらゆる随意的行為の場合における正しさのしるしである、それがこれまでに為されたものであれ、現実におこなわれるものであれ、または可能的なものであるにしても、という主張よりも、さらにまた現にあるがままのこの宇宙において、行為はそれが正しいときに正しいのは、それが快の最大量を生みだすがゆえにである、という主張よりもはるかに歩を進めるものである。しかしこの主張がいかに大胆にみえようとも、とにかくその主張が真であることをわれわれが知るということは、不可能なことではない。

それゆえ、われわれの理論はその第二部において次のことを主張する。すなわち、一方の行為が、それの唯一のまたは全体の結果としてわれわれがAと呼んでよいひとつの結果または一組の諸結果をもち、それに対して他方の行為が、それの唯一のまたは全体の結果としてわれわれがBと呼んでよいひとつの結果または一組の諸結果をもつ二つの行為の、いずれかを選択せねばならなかったとすれば、そのときもしAがBよりも多くの快を含んでいれば、Bを引起す行為よりAを引起す行為の方を選ぶことが常にわれわれの義務となるであろう、と。このことは、AおよびBが他の諸点でどのように似ているとしてもまったく常に真となるであろうと、この理論は主張する。そしてこのことを主張することは（いまや次のように言うことになるのであるが）、より多くの快を含んでいるなんらかの結果または一組の諸結果は常に、より少ない快しか含まないそれよりも内在的により善い、ということを主張することと等価である。

ひとつの結果または一組の諸結果を別のそれより内在的により善いと呼ぶことによって、この理論は、それが伴うかもしれないどんな付随物ないしはそれ以上の諸結果とは全く別個に、それ自身において善いということを意味している。言いかえれば、なんらかの善いものAについて、それが別のものBより内在的により善いと主張することは、もしAがいかなる付随物ないしは結果をなんら伴わずに全くそれだけで存在したとすれば、――要するにAが全宇宙を構成したのであれば、かかる宇宙が存在することの方が、

Bだけで成立するひとつの宇宙がその代りに存在することよりも善い、と主張することである。なんであれひとつのものが別のものより内在的により善いかどうかを知るためには、われわれは右に述べたように、常に一方のものが全くそれだけで存在することよりも善いものとなるかどうか、を考察せねばならない。いかなるひとつのものまたは一組のものAも、それが全くそれだけで存在することの方が、別のそれBが全くそれだけで存在することよりも善いということでなければ、決してBより内在的により善いということにはならない。それゆえわれわれの理論が主張するのは、AとBだけがわれわれの選ばねばならぬ一組の行為の結果であれば、BよりむしろAを選ぶことがわれわれの義務となるであろうということが真である場合にはいつでも、Aが全くそれだけで存在するということの方が、Bが全くそれだけで存在することよりもっと善いであろうということもまた常に真である、ということである。したがってまたわれわれの理論は、逆になにかひとつのものまたは一組のものAが、別のそれBより内在的に善いということが真である場合にはいつでも、われわれがこの二つの一方を選ばねばならないとしたら、Bが唯一の結果となるような行為よりも、Aが唯一の結果となるような行為を選ぶことが常にまたわれわれの義務となるであろう、と主張するのである。しかしすでに見てきたように、われわれの理論は、もし一方の行為の全結果が他方の行為の全結果以上の快を含んでいないのであれば、その後者の行為よりむしろ前者の行為を選ぶことは決してわれわれの義務とはなりえない、と考えるのであるから、われわれの理論によれば、もしAがB以上の快を含んでいないのであれば、ひとつの結果または一組の諸結果Aはどれひとつとして、決して別のそれBより内在的に善くはありえない、ということになる。それゆえこの理論は、より多くの快を含むなんらかの結果または一組の諸結果はどれひとつとして、もしそれがより多くの快を含んでいないのであれば、別のそれより内在的に善くはありえないというようにもみなしているのである。

してみると、この理論は二つの点で、あるいはことによるとひとつの点でのみ、快と苦とに対して全く独自の立場をとるものだということは明らかである。なぜなら、この理論が快と苦について設定する二つの命題は等価であるだけでなく絶対に同一でもある――言いかえれば、正確に同一の観念を表現するための異なった仕方にすぎないということは、いかにもありそうなことだからである。その二つの命題とは次のようなものである。（一）誰かある人が、一方の行為はその全体的結果において他方の行為以上の快を引起すであろうと思われる二つの行為のうちひとつを選ばねばならぬとしたら、前者の行為を選ぶことが常に彼の義務であろう、ということ、そしてその全体的結果がより多くの快を含まないのであれば、後者の行為よりむしろ前者の行為を選ぶということは決して誰れの義務ともなりえない、ということ。（二）より多くの快を含むいかなる宇宙または宇宙の部分も常に、より少ない快しか含まない宇宙より内在的に善いということ、そしてどんなものであれ、それがより多くの快を含まないとすれば他のなんらかのものより決して内在的により善くはありえない、ということである。この二つの命題が正確に同一の観念を表明するための二つの異なった仕方にすぎないということは、まさにありうることであるようにみえる。この二つの命題がそのようなものであるかどうかという問題はただ、「Aが全くそれだけで存在することの方が、Bが全くそれだけで存在することより善い」とわれわれが言う場合、「Aが唯一の結果であるような行為と、Bが唯一の結果であるような行為との、いずれかひとつをわれわれが選ばねばならぬと仮定すれば、後者よりむしろ前者を選ぶことがわれわれの義務となるであろう」、と言う場合と正確に同一のことを言っているのかどうか、という問題にかかっているのである。そして確かに、一見したところ、この二つの命題は同一のものではないかのように、つまり、われわれが一方を主張する場合と他方を主張する場合とが正確に同一のことを語っているのではないかのようにみえる。しかしこの二つの命題が同一のものでないにしても、われわれの理論は二つの命題がたしかに等価である、すなわち一方が真であればいつでも他方もまたたしかに真である、ということを主張しているのである。そしてこの二つの命題が同一のものでなければ、両者の等価を右のように主張することは結局非常に重要な次の命題と同じことになる。すなわち、ある行為が正しいのはただ、その行為者が為そうとすれば代りに為しえたであろうどんな行為も、内在的にはその行為より善い諸結果をもつことはない場合だけである。一方、ある行為が不正であるのはただ、その行為者がある行為の代りに為す他の行為の全体的結果が、それよりも善いであろうと思われるなんらかの行為をなしえた場合だけである、確かに、右の命題はたんなる同語反復ではないようにみえる。そしてもしそうであれば、われわれの理論は二つの点で快と苦に対して独自の立場を取るのであって、ひとつの点だけでそうするのではない、ということをわれわれは認めねばならない。その理論はまず第一に、快と苦は正および不正に対して独自な関係をもつということと、そして第二に、快と苦は内在的価値に対して独自な関係をもつということとを主張するのである。

そこでわれわれの理論が主張するのは、より多くの快の量を含む全体はどんなものでも常に、より少ない快の量を含む全体よりも内在的に善い、たとえその二つの全体が他の諸点でいかほど似ているにしても、ということであり、しかも、いかなる全体もそれがより多くの快を含まないかぎり別の全体より内在的に善くはありえない、ということである。しかしわれわれは、右の議論では一貫して便宜上「より多くの快を含む」という言い回しを不正確な意味で用いたということを、肝に銘じておくべきである。私がひとつの全体Aについて、それが別の全体B以上の快を含んでいると言えば、その時にはいつでもAとBとは次の五つの仕方のどれかでお互いに関係している、ということを説明した。すなわち、（一）AとBがともに快の苦に対する剰余を含んではいるが、前者の方がより多く含んでいるとき。（二）Aが快の苦に対する剰余を含んでいるのに、Bは快の苦に対するまたは苦の快に対するいずれの剰余をも含まないとき。（三）Aは快の苦に対する剰余を含んでいるのに、Bは苦の快に対する剰余を含んでいるとき。（四）Aが快の苦に対する剰余も苦の快に対する剰余も含まないのに、Bは苦の快に対する剰余を含んでいるとき。そして（五）AとBがともに苦の快に対する剰余を含んではいるが、AはBほどには剰余を含まないとき。この理論を述べるに当って、私がひとつの全体、またはひとつの結果とか一組の諸結果について、それがもうひとつのものB以上の快を含むとして語ってきたときにはいつでも、Aは常に右の五つの仕方のうちどれかひとつでBと関係している、ということだけを私は意味していたに過ぎないのである。それゆえここでわれわれの理論が、より多くの快の量を含む全体はすべて常に、より少ない快の量しか含まない全体より内在的に善いということ、そしていかなるものも、なにか他のものがより多くの快を含んでいなければそのものより内在的に善くはありえない、ということを主張するときには、このことは、なんらかの全体Aがもうひとつの全体Bと右の五つの関係のどれかひとつで関係するときには常に、AはBより内在的に善いということ、およびいかなるものも、それが別のものと右の五つの関係のどれかひとつで関係していないのであれば、その別のものより内在的に善くはありえない、ということを意味していると解されねばならず、そしてこのことを念頭に置くことが、別の事実を考慮しようとするとき大切になる。

われわれがひとつのものについて、それが別のものより「より善い」と言うとき、次の五つの異なった事柄のどれかひとつを考えているであろうということは明らかである。われわれが考えているのは、(一)両者はともに積極的に善いのではあるが、前者の方が一層善いということか、または(二)第一のものは積極的に善いのではあるが、第二のものは善くも悪くもなくて無差別であるということか、または(三)第一のものは積極的に善いのに反して、第二のものは積極的に悪いということか、または(四)第一のものは無差別であるが、第二のものは積極的に悪いということか、さらにまた(五)両者はともに積極的に悪いが、第一のものは第二のものほど悪くはないということか、のいずれかである。日常生活において、ひとつのものが別のものと右の五つの関係のどれかひとつで関係していたときにはいつでも、そのひとつのものは別のものより「より善く」あった、とわれわれは言うのである。あるいは言葉をかえれば、相互により善い関係にあったりより悪い関係にあったりするいろいろの事物のなかで、あるものは積極的に善く、他のものは積極的に悪く、さらに他のいろいろのものは善くも悪くもなくて無差別である、とわれわれは考える。そしてこのことは事実、内在的価値という尺度の中でひとつの位置を占める諸事物にそのまま当てはまる、つまりこれらの事物のうちあるものは内在的に善く、他のものは内在的に悪く、さらに他のいろいろのものは無差別である、とわれわれの理論は考えている。しかも、われわれの理論は次のように言うであろう、すなわちひとつの全体は、それが快の苦に対する剰余を含むときにはいつでも、しかもその時にかぎって内在的に善いということ、そして他方ひとつの全体は、それが苦の快に対する剰余を含むときにはいつでも、しかもその時にかぎって内在的に悪く、それがいずれの剰余をも含まないときには、しかもその時にかぎって内在的に無差別である、と。

それゆえわれわれの理論は、いかなるものが他のものより内在的により善いか、またはより悪いかに関する正確な諸規則を設定することだけでなく、いかなるものが内在的に善であり、悪であり、さらに無差別であったりするのかに関して、同じように正確な諸規則を設定するのである。あるものが内在的に善いと言う場合この理論が意味しているのは、当のものがたとえそれ以外のいかなる随伴物または結果をなんら伴わないで、全くそれだけで存在したとしても、それが存在するということが善いことであろう、ということである。あるものが内在的に悪いという場合この理論が意味しているのは、そのものがたとえそれ以外のいかなる随伴物または結果をなんら伴わないで、全くそれだけで存在したとしても、それが存在するということは悪いこととまたはわざわいであろう、ということである。そしてあるものが内在的に無差別であると言う場合この理論が意味しているのは、それが全くそれだけで存在したとしても、それの存在はいかなる程度においても善でもなければ悪でもないであろう、ということである。そして「内在的により善い」と「内在的により悪い」という概念が完全に正確な仕方で「正」と「不正」という概念に結びつくのとちょうど同じように、右に述べた諸概念もこの二つの概念に結びつく、とこの理論は主張する。あるものAについてそれが「内在的に善い」ということは、Aが唯一の結果または全体的結果であるような行為と、絶対になんらの結果をも持たないような行為とのいずれかをわれわれが選ばねばならぬ場合には常に、前者を選ぶことがわれわれの義務であり後者を選ぶことは不正となる、ということと等価である。そして同様に、あるものAについてそれが「内在的に悪い」ということは、Aが唯一の結果であるような行為と、絶対になんらの結果をも持たないような行為とのいずれかをわれわれが選ばねばならぬ場合には常に、後者を選ぶことがわれわれの義務であり前者を選ぶことは不正となる、ということと等価である。そして最後に、あるものAについてそれが「内在的に無差別で」あるということは、Aが唯一の結果であるような行為と、絶対になんらの結果をも持たないような行為とのいずれかをわれわれが選ばねばならぬ場合、どちらを選ぶかは問題でない、つまりどちらを選択しても等しく正しくなる、ということと等価である。

そこで要約すると、われわれの理論はその第二部で三つの原理を設定すると言ってよいであろう。われわれの理論は（一）いかなるものも、それが唯一の結果であれ、一組の全体的結果であれ、ないしはひとつの全体的宇宙であれ、それが快の苦に対する剰余であるかこの剰余を含むときにはいつでも、しかもそのときにかぎってそれは内在的に善い、と主張する。そしていかなるものも、それが苦の快に対する剰余であるかこの剰余を含むときにはいつでも、しかもそのときにかぎってそれは内在的に悪いということ、および右の二つ以外のすべてのものはそれの性質にかかわりなく内在的に無差別である、ということを主張する。この理論はまた（二）なにかひとつのものが、それが唯一の結果であれ、一組の全体的結果であれ、さらにはひとつの全体的宇宙であれ、それが別のものより内在的に善いのは、その二つのものがお互に以下の五つの仕方のどれかひとつで関係し合っているときにはいつでも、しかもそのときにかぎってである、と主張する。五つの仕方とはすなわち、（a）その両者はともに内在的に善ではあるが、第二のものが第一のものほどには善くない場合。あるいは（b）第一のものは内在的に善ではあるが、第二のものは内在的に無差別である場合。あるいは（c）第一のものは内在的に善であるのに、第二のものは内在的に悪い場合。あるいは（d）第一のものは内在的に無差別であるが、第二のものは内在的に悪い場合。あるいはさらに（e）両者はともに内在的に悪であるが、第一のものは第二のものほど悪くない場合、である。さらにこの理論は、（三）一方の行為が他方の行為よりも内在的に善い全体的結果をもつであろうと思われる二つの行為の、いずれかをわれわれが選ばねばならぬ場合には常に、前者を選ぶことがわれわれの義務であり、後者を選ぶことは不正となるであろう、と主張し、さらにどんな行為であれ、もし内在的により善い全体的結果をもつであろうと思われるなんらかの行為をその代りに為しえたのであれば、正しいものとはなりえず、内在的により善い全体的結果をもつであろうと思われるなんらかの行為をその代りに為しうるのでないかぎりいかなる行為も不正なものとはなりえない、と主張する。右の三つの原理を纏めれば、理論の全体は次のようになる。そしてこの理論が真であるにせよ偽であるにせよ、それは少なくとも完全に明晰で理解可能な理論である、と思う。実際この理論がなんらかの実践的重要さをもつかどうかは別の問題である。しかし、たとえこの理論が実践的重要さをなんらもたないとしても、確かにそれは、非常に基本的で非常に大きい影響のある特徴をもつ諸命題を設定しているのであるから、それらの命題が真であるか偽であるかを考察するだけの価値はあるように思われる。この理論に反対して主張されうる重要な諸反論を考察するまえに、この理論に関して注意せられねばならぬ点が二つだけ残っているようである。

まず第一に指摘されるべきは、この理論は、いかなるものもそれが快の苦に対する剰余ではないか、それともこの剰余を含んでいないのであれば内在的に善ではない、と主張するとしても、この理論はとうてい、いかなるものもそれがこの条件を満たしていなければ善ではないと主張するものではない、ということである。あるものが内在的に善いと言うことによって、その理論は、すでに説明されたように、当の事物の存在はたとえそれがなんらの随伴物または結果を伴わなくて、全くそれだけで存在したとしてもひとつの善いものとなるであろう、と言おうとしているのである。そしてわれわれがいろいろのものを「善い」と呼ぶとき、われわれは決して常に次のように考えているわけではないということ、すなわちわれわれは決して常に、それらのものがたとえ全くそれだけで存在したとしても善であろうと考えているのではない、ということは全く自明であろう。たとえばわれわれは、あるものが「善い」と言うときには非常にしばしば、そのものの諸結果のゆえにそれは善い、と考えているのである。したがってわれわれは、あるものが何ひとつ結果をもたなかったとしてもそれは善であろう、と夢々主張すべきではないのである。たとえば、われわれは人びとが苦を経験することは時として善いことであるという考えをよく知っている。しかもそれにもかかわらず、すべてそのような場合、かれらの苦しみはたとえそのことによって何ひとつ得るものがないとしても――苦しむことがそれ以外の結果をなんらもたらさないとしても、ひとつの善いものとなるであろう、と主張する気にはどうしてもなれないのである。一般にわれわれは、苦しみがそれ以外の善い諸結果をもつ場合にのみ、しかもそのゆえにのみ苦しみは善い、と主張するのである。そして他の多くの事柄についても同様である。それゆえ「内在的に」は善くない多くのものも、それにもかかわらず、われわれが非常に曖昧な語として用いる「善い」のどれかの意味においてであれば善いものでありうるであろう。したがって、われわれの理論は全く首尾一貫して、快または快を含む全体を除けばいかなるものも内在的に善くはないけれども、実際には他の多くのものが「善い」と主張しうるし、また主張するであろう。そして同様に、苦または苦を含む全体を除けばいかなるものも内在的に悪くはないけれども、実際には他の多くのものは「悪い」と主張しうるし、また主張するであろう。たとえば常に、正しく行為することは善いことであり、不正に行為することは悪いことである、とわれわれの理論は主張する。もっともわれわれの理論は同時に、厳密に言えば、いろいろの行為は快または苦のいずれをも含んでおらず、ただ快と苦とを伴っているにすぎなかったり、それらの原因となるがゆえに、ひとつの正しい行為は決して内在的に善くあるのでもなければ、ひとつの不正な行為が内在的に悪いわけでもない、と言うであろう。そして同様にわれわれの理論は、ある人びとは「善く」、他の人びとは「悪く」、そしてある人びとは他の人びとよりも善いと言うことは完全に真である、と主張するであろう。もっとも、いかなる人も快または苦のいずれかを含むと厳密には言いえないし、したがっていかなる人も内在的に善くも、内在的に悪くも、または他の人びとより内在的に善くもありえないけれども、と主張する。われわれの理論は、内在的に善い出来事はそれにもかかわらず非常にしばしば悪いものであり、そして内在的に悪い出来事も善いものであるということすら主張する（しかもこのことはまたなんの矛盾もなしに主張されうる）。たとえば、人がある特定の場合に特定の快を楽しむということはしばしば非常に悪いことである、もっとも、彼がそのような快を楽しむことにおいて成立する出来事は、それが快の苦に対する剰余を含んでいるから内在的に善いかもしれないけれども、とわれわれの理論は言うのである。かかる出来事が起るということはしばしば非常に悪いことであるかもしれない。なぜならそれは、その人自身または他の人びとにとって、彼らがこれ以外のことをした場合より少ない快、ないしはより多い苦を将来もたらす原因となるからである。そして同じ理由によって、内在的に悪い出来事がたまたま起るということが、しばしば非常に善いことであるかもしれないであろう。

右のことすべてを肝に銘じておくことが大切である、というのは、さもなければこの理論は、それが現にあるよりもはるかに矛盾しているようにみえるからである。たとえば、一見するとその理論は、快および快を含む全体以外のどんなものに対しても一切の価値を拒否するかのように、つまり、かりにそのことを固執したとすれば極端に矛盾するような見解とみえるかもしれない。しかし事実はそうではないのである。この理論は、快および快を含む全体以外のものに対して一切の価値を拒むのではなく、内在的価値だけを拒むのである——この二つのことは全然別のことである——。その理論はただ、快および快を含む全体以外のいかなるものも、もしそれが全くそれだけで存在していたとすればなんの価値をももたぬであろう、と言っているに過ぎないのである。しかし、もちろんこれらのものはどれひとつとして、事実上全くそれだけで存在することはない。したがって、これらのものの多くはそのままで非常に大きな価値をもつということが、なんの矛盾もなしに認められるのである。内在的価値以外の価値の種類に関して、この理論は一般的規則を何ひとつ設定すると公言するものではない。この理論が話を内在的価値に限定する理由は、内在的価値が、しかも内在的価値のみが、右で説明された完全に明確な方法で正および不正に関係づけられるとみなすからである。ある行為が正しいときにはいつでも、その行為は、行為者がその代りに為しえたであろうところのいかなる行為の全体的結果も、決してそれ以上の内在的価値をもつことがない場合にのみ、しかもそれゆえにのみ、正しいのである。そしてある行為が不正であるときにはいつでも、その行為は、行為者がその代りに為しえたであろうところの他のなんらかの行為の全体的結果がそれ以上の内在的価値をもつ場合にのみ、しかもそれゆえにのみ、不正である。この命題は内在的価値について言われることであるが、他のどんな種類の価値にも当てはまるものではない、とこの理論は考えている。

ところで、この理論について注意されねばならぬ第二の点は次のことである。すなわちそれは、快が究極的に善または望ましい唯一のものであり、苦は究極的に悪または望ましくない唯一のものである、と主張するものとして、あるいはまた、快はそれ自身のために善であるところの唯一のものであり、苦はそれ自身のために悪であるところの唯一のものである、と主張するものとしてしばしば表明される。そしてこの理論はある意味でそのように主張している、と私は思う。しかしこれらの表現は普通には注意深く規定されてはいない。そこで、もしわれわれの理論がこれらの命題を主張するのであれば、「究極的に善い」または「それ自身のために善い」という表現は、「内在的に善い」という表現に対して右で与えられた意味とは異なったひとつの意味で理解されねばならぬ、ということを指摘するのは価値あることである。われわれは「究極的に善い」または「それ自身のために善い」を「内在的に善い」と同義語であると考えてはならない。というのは、われわれの理論は快こそ内在的に善い唯一のものであり、苦こそ内在的に悪い唯一のものであるということを、きわめて強く主張するのではないからである。それどころか、快の苦に対する剰余を含むいかなる全体も、たとえそれがこれ以外に他の多くのものを含むにしても内在的に善いということ、そして同様に苦の快に対する剰余を含むいかなる全体も内在的に悪いということを、われわれの理論は主張するのである。一方で「究極的に善い」または「それ自身のために善い」によって言い表わされた概念と、他方で「内在的に善い」によって言い表わされた概念との間にあるこのような区別は、普通にはおこなわれていない。それなのになお、われわれの理論は快こそ究極的に善い唯一のものであり、苦こそ究極的に悪い唯一のものであると主張する、とわれわれが言おうとするのであれば、われわれはこの区別をはっきりさせねばならない。この二つの概念が右の仕方で用いられるならば重要な共通点をひとつ持つ、つまりそれらの概念はともに、たとえそれらが全くそれだけで存在したとしてもその存在が善いものとなるであろうと思われる諸事物にのみ当てはまるであろう、ということである。あるものが「究極的に善い」、「それ自身のために善い」または「内在的に善い」のいずれをわれわれが主張するにしても、われわれは常に、そのものはたとえ全くそれだけで存在したとしても善くあるであろう、と主張しているのである。しかしながら、この二つの概念は次の事実に関してみれば異なっている。すなわちその事実とは、「内在的に善い」ところのひとつの全体は全くそれだけで存在したとすれば内在的に善くないところの、つまりいつも善いものではないような諸部分を含むかもしれないのに、「究極的に善い」とか「それ自身のために善い」ところのいかなるものもかかる諸部分をなんら含みえない、ということである。思うにこのことこそ、われわれの理論が快を「究極的に善い」とか「それ自身のために善い」ただひとつのものであると主張するのである、とわれわれが言おうとする場合に、われわれが「究極的に善い」とか「それ自身のために善い」という表現に賦与せねばならぬ意味であろう。要するに、われわれは内在的に善い諸事物を二つの部類に分けうるであろう。すなわち（一）全体としては内在的に善いのではあるが、それにもかかわらず、内在的に善くない部分をいくらか含んでいるところのものと、（二）いかなる部分をも含まないか、それとも含んでいるとすれば、それ自身内在的に善いもの以外には何ひとつ含んでいないところのものとに、分けられうるであろう。かくしてわれわれはその気になれば、「究極的に善い」とか「それ自身のために善い」という術語を、この二種類のもののうち第二のものに属する事物に限定してもよいであろう。もちろん、われわれは内在的に悪い諸事物に関する二種類のものの間で、正確に同じような区別をなしうるのである。そしてわれわれがこの区別をおこなう場合にのみ、われわれの理論は、いかなるものも快以外には「究極的に善く」もなければ「それ自身のために善く」もないということ、および苦以外には「究極的に悪く」もなければ「それ自身のために悪く」もないということを、主張すると言っても間違いないであろう。

右のことが私の述べたいと思った倫理理論である。なぜなら、それはとりわけ単純で、それゆえ倫理学的議論の主題をなしてきた主要問題のあるものを、ことのほかはっきりさせるように私にはみえるからである。

特に大切なことは、われわれの理論がその第一部で答えると公言する問題と、それが第二部で答えると公言するさらにもっと基本的な諸問題とを区別することである。その理論の第一部においてそれが答えると公言するのはただ、事実上この世の中でかつて為されたところの、またはこれから為されるであろうところの、正しい随意的行為のすべてに実際に属するどんな特徴があるのか、という問題だけである。しかるに、一方その理論の第二部においてそれが答えると公言するのは、考えうるどんな宇宙においても、考えうるどんな状況のもとでも、正しかったなんらかの随意的行為に無条件に付随することになるであろうと考えられるどんな特徴があるのか、という問題である。この二つの問題は明らかに極めて異なったものである。私がこれまで述べてきた理論によって言おうとしているのは、この二つの問題に対する解答を与えると公言するひとつの理論なのである。

この理論がこれまで私の述べてきた形式で正確に考えられたことがあったかどうか、それには言及したくない。しかし確かに、多くの人はこの理論と非常によく似た何かを考えていたのである。そしてこの理論が「**功利主義**」という聞き慣れた名称でしばしば考えられているところのことであるようにみえる。そしてこのことが、第一章と第二章との見出しとしてこの名称を私が選んだ理由なのである。しかしながら「**功利主義**」を論ずる人なら誰でも常に、この理論をそのすべての細部にわたって正確に考えている、と臆断されてはならない。むしろ逆に、みずからを**功利主義者**と呼ぶ人ですら、その多くは、われわれの理論のもっとも基本的な諸命題のあるものに異議を唱えるであろう。倫理学的議論において生ずる諸困難のひとつは、ある倫理理論の名称としてこれまでに提案された名称はただひとつとして無条件に確定した意味をなんら持っていない、ということである。逆にあらゆる名称は、非常に重要な諸点で相互に異なっているかもしれないいくつかの別の理論に対するひとつの名称として用いられるし、しばしば用いられているのである。それゆえ、誰かがそのような名称を用いるときにはいつでも、諸君はその名称だけに信を置くことは決してできないのであって、彼がそれによって意味することを正確に理解するよう常に注意深くなければならない。この理由で私は、以下で述べることにおいて私が述べたこの理論にどんな名称をも与えようとは思わないのであって、この理論を第一章と第二章とで述べられた理論とだけ呼ぼう。

第三章　道徳的判断の客観性

右の二つの章で述べられた理論に反対して非常に多種多様な反論が主張されるであろう。そこで、私はそれらの反論のほとんどすべてを扱うことは望みうべくもない。私が為したいと思うことは、もっとも重要なものと私にみえる反論をいくつか選び出すことである。なぜなら、それらの反論は強く感じられる傾向をもっとも多くもち、しかもそれらの反論は原理に関する極めて一般的な諸問題にかかわるからである。これらの理論が、われわれの理論の主張するところのことの相異なる部分のいずれに反対しているかに応じて、ある反論は十分根拠があり、他の反論はそうでないように私にはみえる。それゆえ、私はその理論をいろいろの部分に分離して、これらの異なった部分の各々に反対して主張されうる主要反論を別々に考察しようと思う。

そこで、われわれは非常に基本的な論点から始めてよいであろう。明らかにわれわれの理論は二つの事柄を含意していた。この理論が含意したのは、（一）ある特定の随意的行為が正しいということがいかなる時にも真であれば、それが正しかっ**たというこ**とはその特定の行為について常に**真**でなければならぬということ、あるいは言葉をかえれば、行為というものは正から不正へ、または不正から正へとは変わりえないということ、すなわちほかならぬ同一の行為について、それがある時には正しく他の時には不正であるということは、多分真ではありえないであろう、ということである。そしてこの理論はまた（二）同一の行為は多分時を同じくして正および不正のいずれでもありうるということは決してない、ということを含意した。この理論は、随意的行為というものは快の最大量のひとつを生みだすときにのみ正しく、かつ快の最大量のひとつ以下のものを生みだすときにだけ不正でありうる、と主張したのであるから、明らかにそれは右の二つの事柄をともに含意した。しかも明らかに、どんな行為についても、それが快の最大量のひとつを生み出したということが一たび真であれば、それが快の最大量のひとつを生みだしたということがその行為について常に真でなければならないし、そして明らかにまた、全く同一の行為についてそれが快の最大量のひとつを生みだしたということと、それが快の最大量のひとつ以下のものを生みだしたということとの両者が、全く同時に真ではありえない。それゆえわれわれの理論は、特定のどんな行為も、時を同じくしてであれ異にしてであれ、正であるとともに不正であることは決してありえない、ということを含意した。その行為は特定のどんな時にでも正または不正のいずれかでなければならず、しかも任意のある時に正または不正のいずれかであれば、あらゆる時にそれと同じものであろう。

しかしながら注意して次のことに気づかねばならぬ、すなわちわれわれの理論が含意しているのはただ、右のことは、われわれがそれを選んで考察する気になるなんらかの特定の随意的行為について真であるということでしかないのであって、同じことがある部類の諸行為について真であるということを意味するのではない、ということである。言いかえれば、われわれの理論は、ブルータスがシーザーを殺害した時に彼のこの行為が正しかったのであれば、ブルータスのこの特定の行為が正しかったということは今でも等しく真でなければならず、しかも常に真であろうし、彼の行為が不正であったということは決して真ではありえなかったし、真ではありえないであろう、ということを含意している。この特定の場合でのブルータスの行為は正および不正の両者でありうるのではないということ、そしてもしブルータスの行為が正しかったということが一たび真であったとすれば常に、その行為は正しかったということが真でなければならぬということ、あるいはもしその行為が不正であったということが一たび真であったとすれば常に、その行為は不正であったということが真でなければならぬということを、われわれの理論は主張するのである。そして、ある特定の人によってある特定の場合に実際に為されたかまたは為されえたであろう絶対に個別的な他のあらゆる行為についても、同様である。かかる行為のすべてについて、それらの行為がいかなる時にでも正および不正の両者であることはできない、ということは真であるということ、そしてまたその行為が、この二つの述語のいずれかを任意のある時に所有したのであれば、それはあらゆる時に同じものを所有せねばならぬということを、われわれの理論は主張するのである。しかし同一のことがなんらかの特定の部類の諸行為——たとえば殺人について真であるということを、われわれの理論はなんら含意しない。もしある時犯されたひとつの殺人が不正であったとすれば、その同じ時に犯された他のどんな殺人もまた不正とならねばならなかったということ、あるいはある時犯されたひとつの殺人が不正であれば、他のいかなる時に犯された他のいかなる殺人も不正とならねばならぬ、ということもわれわれの理論は主張するのではない。むしろ逆に、われわれの理論はこのことが偽であるということを直接には含意しないが、しかしどんな特定の部類の行為も常に絶対に正となるか、または常に絶対に不正となるであろうということは、到底ありそうにもないということを含意している。というのは、既にみてきたように、ひとつの行為が正であるか不正であるかという問いは、その行為の結果に依存するということ、そしてもちろん、ひとつの行為がいかなる諸結果を生むであろうかという問いは、その行為が属するところの部類に依存するだけではなく、それが為される特定の状況にもまた依存するとわれわれの理論は考えているからである。一連の状況においてある特定の種類の行為が善い諸結果を生みだしうるのに、他の状況においては正確に同じ行為が悪い諸結果を生みだしうるのである。しかもその状況は常に変化しているのであるから、どんな特定の部類の行為も、たとえば殺人とか姦淫が、絶対常に正しくなるであろうとか、絶対常に不正となるであろうということは到底ありそうにもないこと（ありえないことではないが）、である。それゆえわれわれの理論は、ある特定の部類のひとつの行為が一たび正しければ、同一の部類の他のすべての行為は常に正しくなければならぬ、ということを含意しているのではなく、逆にわれわれの見解からみれば、右に述べたことは到底真でありそうにもないということになるのである。われわれの理論が含意しているのは、もしわれわれがなんらかの部類のなにかある特定の例を考察すれば、その特定の例が正および不正の両者では決してありえない、ということ、そして一たび正しければ常に正しくなければならぬ、ということである。そしてこの二つの異なった問いは、混同されやすいがゆえにはっきり区別することが極めて大切である。同一の行為が正および不正の両者でありうるかどうかを問うとき、われわれはこの問いによって全く異なった二つの事柄を意味しうるのである。われわれはただ、同じ種類の行為がある時には正しく他の時には不正でありうるか、または同時に正および不正でありうるか、と問うことを意味しうる。そしてこの問いに対してわれわれの理論は、そのようなことはありうると答えることになりやすいであろう。さもなければ、同一の行為ということによってわれわれはたんに同じ種類の行為を意味するだけでなく、何かある単一の絶対に個別的な行為をも意味しうるのであって、その行為は一定の時に一定の人によって遂行されたかまたは遂行されえたものである。そしてほかならぬこの問いに対してこそわれわれの理論は、どれかひとつの単一な絶対に個別的な行為が、時を同じくしてもまた時を異にしてもともに正および不正の両者でありうる、ということは絶対に不可能である、と答えるのである。

さて、いったい全く同じ行為が同時に正および不正の両者でありうるかどうか、またはある時には正しく他の時には不正でありうるかどうかに関するこの問いは、明らかに極めて基本的な問いであると私は思う。もしわれわれがこの問いを肯定的に答えるとすれば、倫理学者たちによって大いに論議されてきた非常に多くの問題が直ちに価値を失ってしまうのである。同一の行為が同時に正かつ不正であるという見解が真であれば、たとえば、一般に正しい行為から不正な行為を区別するどんな特徴があるのか、ということを議論するのは無駄なものとならねばならぬ。もし全く同一の行為が正および不正の両者でありうるならば、明らかにかかる特徴はひとつもありえない——正しい行為に常に付随し、不正な行為には決して付随しない特徴はありえないのである。なぜなら、ひとつの単一な行為が正および不正の両者であるかぎり、この行為は正しい行為に常に付随するなんらかの特徴（もしあるとすれば）を所有せねばならず、そして同時にその行為はまた不正でもあるゆえに、この特徴は不正な行為に決して付随しない特徴ではありえないからである。それゆえわれわれは、正しい行為に常に付随し不正な行為には決して付随しないどんな特徴があるか、ということに関してとやかく議論するまえに、全く同一の行為は時を同じくしてもまた時を異にしても、正および不正の両者ではありえないということを、できることなら納得しておくことが非常に大切である。というのは、このことが事実でなければ、かかる議論はすべて絶対に無益なものであらねばならぬからである。それゆえ私はまず第一に、次のような単純な論点を持ち出そうと思う。つまり、全く同一の行為が時を同じくしてもまた時を異にしてもともに正および不正の両者でありうるのか。以前の二つの章で述べられた理論は、このことが事実ではありえないとだけ主張しているかぎり正しいものであろうか。

さて、この理論が考えているように、全く同一の行為は正および不正の両者でありえないと考えるたいていの人びとは、このことがそれを証明しようともせずに事実であると単純に仮定している、と私は思う。事実、ある理論は、その理論に反対する決定的議論として用いられると、その反対命題を含意するというたんなる事実を発見することは、ごくありふれたことである。次のように論じられる。すなわちこの理論は、全く同一の行為が正および不正の両者でありうるということを含意するし、しかもこのことは事実そうではありえないということは自明であるから、したがって当の理論は偽でなければならぬ、と。しかも私としては、かかる議論の方法は完全に正当化されているようにみえる。いかなる随意的行為も正および不正の両者ではありえない、ということは明白であるように私には思われる。そしてそのことが、それ自身よりも確実などんな原理と関連してどのように証明されるのか、私にはわからない。それゆえ、誰かがその反対は彼には自明である——つまり全く同一の行為が正および不正の両者でありうるということが彼に自明である、と主張するのであれば、彼はまちがっているということがいかにして証明されうるのか、私にはわからない。もしその問いがこれらの究極的言い回しに還元されるのであれば、思うに、それはたんに読者の検分にまかされねばならないであろう。すべての究極的問いと同様に、その問いはいずれの仕方でも正確には証拠だてられない。しかしある行為が正および不正の両者でありうると考えるたいていの人は、事実議論の余地を残すある種の動機に影響されている、と私は思う。彼らはある種の見解を抱いており、その見解からこの結論は出てくるのである。しかも彼らがこの見解を抱いているからこそ、この結論を受け入れるのである。特に、ごく普通に考えられており、人びとにその見解を受け入れさせるとき特別に影響の強い二つの見解がある、と私は思う。そしてわれわれはこの二つの見解を注意深く考察することが非常に大切である。なぜなら、これらの見解は右の結論にいたるからであり、かつ他の諸理由のためでもある。

それらの理由のうち第一のものは次のとおりである。すなわち、ある行為またはある部類の行為が正またはは不正であるとわれわれが主張するときにはいつでも、われわれは当の行為または当の部類の行為に対する誰かある人の感情について主張しているのでなければならぬ、と考えられることがある。これこそなんらかの形式で極く普通に抱かれたと思われるところの見解である。そしてこの見解がなぜ抱かれたかという主な理由のひとつは、思うに、多くの人は、われわれが「正」および「不正」という語でどうにか意味しうるところのことを、これらの述語をわれわれが適用する行為に対してある人または人びとの集まりが、なんらかの感情またはなんらかの心的態度を持つということだけであるとしか考えられないようである、ということである。その形式のあるものにおいては、この見解は全く同一の行為が正および不正の両者でありうるだろうという結論には至らない。そしてわれわれはいまのところこれらの形式には関心がないのである。しかし、その見解が抱かれるとき取りうる諸形式のあるものは直接この帰結に至る。そして思うに、全く同一の行為が正および不正の両者でありうるであろうと人びとが考える場合には、彼らがこの見解をこれらの形式のひとつで考えるがゆえに、その見解は極めて普遍的である。その見解にはこの帰結に至るいくつかの異なった形式があり、そしてそれらの形式はお互いにはっきり区別されそうにない、と私は思う。われわれが正および不正について判断する場合、われわれは、誰かある人またはなんらかの人びとの集団が持つ感情について主張しているのでなければならない、と人びとは想定しがちであり、そのとき、われわれが感情についてそう主張しているとき、その感情を持つ人または人びとの集団はいったい誰なのか、についてはっきり心を決めようとしない。この問いが公正に扱われるやいなや、思うに、どんな可能的選択に対しても重大ないろいろの反論がある、ということが明らかとなる。

まず第一に、誰かある人がひとつの行為を正しいとか不正であると主張するときにはいつでも、彼の主張しているところのことは、彼自身が当の行為に対してなにか特定の感情を持っているということだけである、と考えられるかもしれない。この見解に従うと、われわれはめいめい自分自身の感情についてある主張をしているだけである。つまり、私がある行為は正しいと主張するとき私が考えていることの全体は、私がその行為に対してある特定の感情を抱いているということにすぎない。そして、諸君が同じ主張をするとき諸君の考えていることの全体は、諸君がその行為に対して当の感情を抱いているということにすぎない。もちろん、われわれは自分が持つと主張することになっている感情が何であるかということに関しては、いろいろの見解が取られるであろう。われわれがある行為を正しいと呼ぶとき、われわれはその行為を好んでいるかそれともそれが気に入っている、ということを主張しているにすぎないのであり、われわれがひとつの行為を不正であると呼ぶとき、われわれはその行為を嫌がっているかそれとも気に入らない、ということを主張しているにすぎない、と言う人びともいるであろう。さらにもっともらしく言えば、われわれがこれらの判断によって表明していることは、たんなる好きと嫌いではなく特殊な種類の好きと嫌いであって、それらは多分道徳的是認および道徳的否認の感情と呼ばれてよいであろう、と言う人びともいるであろう。さらにおそらく、含まれているのは一対の反対感情ではなく、ひとつの特定感情の存在または欠如にすぎないということ、たとえば、われわれがある行為を不正であると呼ぶときわれわれはたんにその行為に対して否認の感情を抱く、と言おうとしているだけであり、そしてその行為を正しいと呼ぶことによって、われわれはその行為に対して積極的な是認の感情を抱く、と言おうとしているのではなく、それに対して否認の感情を抱いているのではないとだけ言おうとしているのである、と言う人びともいるであろう。しかし、われわれがそれについて判断をおこなっていると思われる感情の正確な本性に関してどんな見解が取られようとも、われわれがある行為を正しいとか不正であると呼ぶときには、われわれはめいめい自分自身はその行為に対してある特定の感情を抱いているとかまたは抱いていない、と常に主張しているにすぎないと考えるどんな見解も、当然同じ結論――すなわち、まったくしばしば全く同一の行為が正および不正の両者であるという結論に至ると思う。そしてまたかかる見解はいかなるものでも同一の致命的反論にさらされる。

かかる見解は必然的に全く同一の行為がまったくしばしば正および不正の両者であるという結論に至ることを示す議論は、二段階からなっており、その段階はそれぞれ別々に強調されて然るべきである。

第一のものは次のようである。私がある行為を正しいと判断するときにはいつでも、私自身その行為に対して特定の感情を抱いていると判断しているだけであれば、その時には明らかに、実際に私が当の感情を抱いているのであれば私の判断は真であり、それゆえ当の行為は実際に正しいということになるのである。そしてこの点に関して、私について真であるところのことはまた他のどんな人についても真であろう。われわれがその感情をたとえどのようなものと考えようとも、誰かある人が実際になんらかの行為に対して当の感情を抱いているときにはいつでも、しかもまさにその限りにおいて当の行為は実際に正しいということは真である。というのは、われわれの理論が想定しているところのことは、人がある行為を正しいと判断するとき、彼は自分がその行為に対してこのような感情を抱いているということを判断しているにすぎない、ということであるからであり、したがって、彼が実際にこの感情を抱いているときにはいつでも彼の判断は真でなければならないし、そしてその行為は実際に真でなければならぬからである。それゆえこの理論から厳密に帰結するのは、いかなる人であれ現にある行為に対して特定の感情を抱いていればいつでもその行為は実際に正しく、いかなる人であれ現にある行為に対して別の特定の感情を抱いているときにはいつでもその行為は実際に不正である、ということである。あるいは、もしわれわれが問題となっているところのものは一対の感情ではなく単一の感情——たとえば道徳的否認の感情の存在または欠如にすぎないという見解をとれば、それから生ずるのは、いかなる人であれ或る行為に対してこの感情をうまく持てないときにはいつでもその行為は実際に正しく、そしていかなる人であれこの感情を持っているときにはいつでもその行為は実際に不正である、ということである。このような感情が何であるかに関してわれわれがいかなる見解をとろうとも、しかもわれわれがその感情は一対の感情であると想定しようと、それは単一の感情の存在と欠如にすぎないと想定しようと、結局は誰かある人において当の感情が存在すること（または欠如であること）は、そのような事例はありうることであるが、ある行為が正しいかまたは不正であるということを十分に確証することになる。このような帰結になるということを強調することが大切である、なぜなら、この帰結は必ずしもはっきりとは理解されていないと思うからである。人がある行為を正しいと判断するとき、彼はその行為に対して特定の感情を抱いているとだけ判断しているにすぎないということ、しかしなお実際には彼はこの感情を抱いているにもかかわらず、その行為は必ずしも実際には正しくないということが漠然と考えられているときもあるようである。しかし明らかにこのようなことはありえない。ある行為が正しいと言うとき、われわれの主張しようとしていることの全体が単に、われわれはその行為に対して特定の感情を抱いているということだけであれば、そのときには明らかに、われわれが実際この感情を抱いている場合にのみ、その行為は本当に正しくなければならない。

それゆえ、この型のいかなる見解も次のようになる。すなわち、どんな人であれ或る行為に対してなんらかの特定の感情を抱いている（または抱いていない）ときはいつでもその行為は不正である、と。そこでいま、もしわれわれが第二の事実を考慮する場合、それがそうであれば、明らかに全く同一の行為がまったくしばしば正および不正の両者でなければならぬ、ということになるようである。

この第二の事実は、われわれがどんな一対の感情または単一の感情をとるにせよ、異なった二人が同一の行為に対して対立する感情を抱くというような、かつまた一方の人がある行為に対して一定の感情を抱くのに、他方の人がそれを抱かないような場合が起るという、ただ観察された事実であって、かつ否定しがたいようにみえる事実である。右の規則が効力をもたないなんらかの一対の感情またはなんらかの単一の感情を発見することはできない、すなわち、たとえばいかなる人も、別の人が道徳的な否認を感ずる行為に対して実際に道徳的是認を感ずることは決してない、と多分に考えられるかもしれない。これが人びとの取りがちな見解である。なぜなら、われわれがある行為に対して強い道徳的否認の感情を抱く場合には、われわれは、誰か他の人がその同じ行為に対して道徳的是認の感情を実際に抱くということ、あるいは誰か他の人がある程度の道徳的否認なしにその行為をみる、と信ずることは極めて難しいと思うであろうからである。しかもこの見解に対するいささかの弁明となるのは、人がある行為は正しいと言い、そして彼は心から事実そうであるとたとえ信じているにしても、それにもかかわらず実際に彼は、その行為に対してある程度の道徳的否認を感じていることがありうる、ということである。言いかえれば、何が正であり何が不正であるかに関する人びとの意見がしばしば異なるのは確かであるが、彼らの感情は彼らの意見が異なるときには常に異なっているということは、確かではないのである。しかし依然として、正および不正とみなされてきた部類の行為に関して、いろいろの人種間で、またいろいろの社会段階で存在したし存在してもいるところの途方もない相違をわれわれが考察すれば、なんらかの社会において積極的な道徳的是認の現実的感情とみられてきた行為に対して、われわれの多くはもっとも強い否認を感ずるであろう、ということをほとんど疑うことはできない、と私は思う。そしてもし行為の部類に関して事実そうであれば、特定の行為に関しても時にはそのような場合があるということは、ほとんど間違いないのである。たとえば、われわれが道徳的否認の強い感情をかき立てる特定の行為をよみとることができ、しかもなお時にはこのほかならぬ行為は、それがなんらの否認感情なしに、しかも積極的な是認感情をすらもって、その中で為されたところの人びとの或る者によって見られたであろう、ということをほとんど疑いえない。しかしそのときもし事実そうであれば、われわれが考察している見解によると間違いなく、この行為がなされたその時にはその行為は正しかったということが真であったのに、いまではほかならぬその同一の行為が不正であったということが真である、ということになるであろう。

しかも、いろいろの社会段階にいる人びとの間に右のような実際の相違が存在している、ということをわれわれが一たび認めるときにはまた、かかる相違は、彼らが非常に異なった社会の構成員であるとき、時代を同じくする人びとの間にさえまったくしばしば存在する、ということも認めねばならぬと思う。それゆえ、まったくしばしば、全く同一の行為は同時に正および不正の両者でありうるのである。そしてこのことを認めると、われわれはさらにもう一歩前進せねばならない、と思う。いろいろの社会段階にいる人びとの間である部類の行為に対する感情の実際の相違が存在しており、たんに意見の相違が存在しているだけではないということを一たびわれわれが確信すれば、多分次のようになるであろう、すなわち、同じ社会状態にいる二人が、ある行為が正しいか不正であるかに関して意見を異にするとき、この意見の相違は、それが決してこれに符合する感情の相違を指示するわけではないが、時には実際にそのような相違に付随することがある、と。それゆえ実際同じ社会の二人の構成員は、いかなる感情をとるにせよ、同一の行為に対して対立する感情を持つことがあるのである。そして最後に、同じ個人ですら同一の行為に対してかかかる感情の変遷を経験しうる、ということをわれわれは認めねばならぬ、と思う。たしかに、人は特定の行為が正しいか不正であるかに関する彼の意見をしばしば変える。そして少なくとも時にはまた、この行為に対する彼の感情が完全に変化することもある、ということをわれわれは認めねばならない、と思う。それゆえ、たとえば彼が以前には道徳的否認をもってみていた行為を、今は積極的な道徳的是認をもってみるのであり、逆もまた真である。それゆえこの理由だけで、しかもいろいろの人びとの間にある感情の相違とは全く別に、われわれの理論にしたがえば、それは不正であったということが同一の行為について以前には真であったにもかかわらず、今はある行為が正しかったということがその行為についてしばしば真である、ということを認めねばならないであろう。

私がこれまで強調してきた、いろいろの人びとが同一の行為に対して異なったように感ずるということ、および同一人であっても時を異にすればその同じ行為に対して異なったように感ずるという右の事実は、もとより全く平凡なことである。そしてこのことを主張する私の唯一の弁明は、すなわち、何らかの感情ないし一対の感情、およびわれわれが正・不正に関する判断においてまさにそれについて主張しているとみなすのが極めてもっともらしい感情は、規則に対する例外である、とおそらく考えられるかも知れない、ということである。しかしながら、思うに、正および不正についてのわれわれの判断がまさにそれに関係すると多分主張されうるところのどんな感情ないし一対の感情も、事実上例外とはならないということをわれわれは認めねばならぬであろう。どんな感情をとるにせよ、現実にはいろいろの場合が起るということは、ほとんど疑いえないようにみえる。そのような場合とは、実際に一人のひとが一定の行為に対して当の感情を抱いたのに、他の人びとはその感情を抱かないし、そして彼らのあるものはその同じ行為に対して反対の感情をこれまでに抱いたことがある、というような場合である。おそらくその場合には、右のことが決して起らなかったところのある部類の行為がある。しかし確かなようにみえるのは、右のことが生じたところのある部類の行為がある、ということである。そしていやしくもそういった部類の行為があるとすれば、そのことは十分にわれわれの結論を確立する。というのは、事実そうであれば、しかも人がある行為を正しいとか不正であると主張するとき、彼が常に彼自身はその行為に対してある特定の感情を抱いているということを主張しているだけであれば、その時には間違いなく同一の行為が時には正および不正の両者である――ある時には正しく他の時には不正であり、または同時に両者でもある、ということになる。

そしてこの種のなんらかの議論が、なぜ多くの人びとは全く同一の行為が正および不正の両者でありうると考えがちであるかの主な理由である、と私は思う。彼らは、いろいろの人が同一の部類の行為に対して異なって感ずるという事実に強く感銘をうけており、しかもまたわれわれがある行為を正しいとか不正であると判断するとき、われわれはたんに誰かある人の感情について判断せねばならぬと考えるので、同一の行為がしばしば正および不正の両者であるという結論を避けえないようにみえる。実際この結論は必ずしも右の二つの教説を一緒にすることから生ずるのではない。右のような結論になるかどうかということは、われわれが後者の教説をその中で考えるまさにその形式――われわれがその人の感情について主張しているところのある人は誰であるか、に依存している。しかしその結論は、われわれがいま考察しているところの教説のまさにその形式――各人はめいめい彼自身の感情についてひとつの断言をしているにすぎない、と主張するところの形式から生じている。しかもこのことは、その教説がその中で考えられうる一番もっともらしい形式のひとつであるから、それがこの形式において真でありうるかどうかを考察することが極めて重要である。そこで、われわれがある行為を正しいとか不正であると判断するとき、われわれはめいめい彼自身がその行為に対してなんらかの特定の感情を抱いている、と主張しているにすぎないというような場合がありうるのか。

右のことは事実であるという見解に対して、絶対に避けえない反論があるように私には思われる。その問いはたんに事実問題、つまりわれわれの道徳的判断の実際の分析についての問題――われわれがある行為を正しいとか不正であると考えるとき現実に起るものが何であるかについての問い、であるということが思い出されねばならぬ。そしてもしわれわれが、その問いはかくのごとく、われわれがある行為を正しいとか不正であると考えるとき、われわれが現実に考えているところのことに関する問いにすぎない――これ以上でも以下でもない――ということを思い出せば、われわれが考察している見解はありのままの事実と一致しないということが明らかに理解されうる、と私は思う。このことがその通りであるのは、その問いは、それを考えている人びとが必ずしもそれの含んでいることを理解しているようにはみえない、奇妙な帰結を含んでいるからである。そしてこの帰結ははっきり事実と一致していない、と思う。その帰結は次のようである。すなわち、もしある人が「この行為は正しい」と言い、別の人が「いや、それは正しくない」と言うとき、彼らはめいめい常に自分自身の感情について主張しているにすぎないのであれば、明らかに、彼らの間には実際なんらの意見の相違もないことになる、つまり、彼らのうち一方は、他方が主張しているところのことと決して実際には矛盾していない、ということになる。彼らが相互に矛盾していないのは、一方が「私は砂糖が好きだ」と言ったとき、他方が「私は砂糖が好きでない」と言ったとする場合と同じである。もちろん、そのような場合にはなんら意見の衝突はない、つまり一方の他方による反駁はない。というのは、各々の主張していることが等しく真である場合は、まったく十分ありうることだからである。すなわち、一方の人が本当に砂糖が好きであり、他方の人が本当に砂糖が好きでないというような場合は、十分ありうるのである。それゆえ、一方は他方が主張していることを決して否定しているのではない。そしてわれわれの考察している見解が含んでいるところのことは、ある人がある行為を正しいと考えており、別の人がその行為を不正または正しくないと考えているときには、ここでもまた一方は他方が主張していることを決して否定しているのではない、ということである。したがってこの見解は、ある行為が正しいか不正であるかどうかについての意見を、二人は異にしえないという非常に奇妙な帰結を含んでいる。そして確かにこの見解がこの帰結を含むという事実だけで、その見解を非難するに足る。私がある行為を不正であると主張し、別の人がその行為を正しいと主張するとき、われわれの間には実際の意見の相違がある場合もある、つまり彼は私の主張するまさにそのことを否定するときもある、ということは確かに明らかな事実である。しかしこのことが事実そうであれば、そのときには、われわれ各人は自分自身の感情について判断しているにすぎない、ということには決してなりえない。なぜなら、かかる二つの判断はお互いに矛盾しえないからである。それゆえわれわれは、この理論が真であるか否かという問いを非常に単純な事実問題に還元しうる。ある人はある行為が正しいと考え、別の人はその行為が正しくないと考えるとき、第一の人はその行為がもつと考えているなんらかの述語を、第二の人はもたないと本当に考えているような事例が、いったいあるであろうか。もしわれわれがこの問いを公正に考察すれば、次のような場合があるということを認めないわけにはいかないであろう。すなわち、二人がともに「正しい」という語を正確に同一の述語を指示して用いることもできるし、そして一方は当の行為が実際にこの述語をもっていると本当に考えているのに、他方はその行為がこの述語をもっていないと考えている、というような場合である。しかしこのことが事実であれば、われわれの考察している理論は確かに真ではない。あらゆる人が「正しい」という語によって自分自身の感情に対する関係だけを常に指示するということは、真ではありえない。なぜなら、かりに事実そうであれば、二人のひとがこの語によって同一の述語を指示することは決してないからであり、したがってある行為は正しくなかったと言った人は、その行為は正しかったと言った別の人が、それがもっていたと主張していたところの他ならぬこの述語をその行為は持っていた、ということを決して否定しえないであろうからである。

この議論は、われわれがある行為は正しいと言うときどんなことを意味するにしても、確かにわれわれは、われわれ自身がその行為に対してある種の感情を持っているということだけを意味するのではない、ということを最終的に説明しているように私にはみえる。しかしこの議論がまさに証明していることと、それが証明していないこととを、注意深く区別することが大切である。この議論が毫も証明しないことは、誰かがある行為を正しいと判断するときにはいつでも常に、彼は事実上その行為に対してある種の感情を抱いている、ということ、そして彼はただ、自分がその種の感情を抱いているがゆえにのみこの判断をおこなうということすら事実ではありえまい、ということである。それが証明することといえばただ、たとえこのことが事実であるにしても、彼が判断しているところのことはたんに彼がその感情を持っているということだけではない、ということにすぎないのである。しかもこの二つの論点は極めて混同されやすい、と思う。人がある行為を正しいと判断するときにはいつでも、彼はただ自分がその行為に対してある種の感情を持つがゆえにそう判断するということは事実である、と申し立てられるかもしれない。そしてこの申し立てられた事実は、彼が判断しているところのことはただ彼がその感情を持っているということにすぎない、ということを証明するための議論として実際には用いられるかもしれない。しかし、明らかに、たとえ申し立てられた事実が事実であるにしても、それはこの結論を少しも支持しない。その二つの論点は完全に異なっており、それらの帰結の間には極めて重要な相違がある。その相違とは、人がある行為に対してある種の感情を持っていないのであれば、彼はその行為を正しいとは決して判断しないということがたとえ真であるとしても、しかしこれだけのことであれば、彼がこの感情を持っているというそれだけの事実は、彼の判断が真であるということを証明しないであろう、ということである。すなわち、たとえ彼がこの感情を抱き、その行為を正しいと判断するにしてもなお彼の判断は偽であることもあり、その行為は実際に正しくないこともある、とわれわれは十分考えうるであろう。しかし、他方もしわれわれが彼の判断しているところのことはたんに彼がその感情を持っているということにすぎないと考えるならば、そのときには彼がその感情を持っているというそれだけの事実が、彼の判断は真であるということを証明するであろう。つまり、彼は自分がその感情を持っているということを判断しているにすぎないのであれば、そのときにはもちろん、彼がその感情を持っているというそれだけの事実は、彼の判断を真なるものとするに十分である。それゆえ、人がある行為を正しいと判断するときにはいつでも、彼は自分がある種の感情を持っているがゆえにのみそう判断するという主張と、その人がある行為を正しいと判断するときにはいつでも彼は自分がその感情を持っているということを判断しているにすぎないという完全に異なった主張とを、われわれは注意深く区別せねばならない。前者の主張は、たとえそれが真であるとしても、後者の主張もまた真であるということを証明しはしない。そしてそれゆえ、われわれは前者を論駁しなくても後者を論駁できる。われわれの議論が真でないと証明するのは後者の主張だけである。そして、前者が完全には真でありえないことを示そうとして、一言も語られはしなかった。

それゆえわれわれの議論は、われわれがいろいろの行為に対してある種の感情を持つときに、しかも持つがゆえにそれらの行為は正および不正であると判断するにすぎないという主張を、かりにそれが為されるとしても、反証はしないのである。しかもまたわれわれの議論は別の主張を反証するものでもない、ということを強調することが大切である。われわれの議論は、誰かがある行為に対してある種の感情を抱くときにはいつでも、事実上その行為は常に正しいという主張を反証するのではない。誰であれ、このことは事実上真であり、それゆえ事実上全く同一の行為がしばしば正および不正の両者であると考えることは依然としてまったく自由である、たとえ彼がわれわれの議論の証明することを認めるとしても。すなわち、人がある行為を正しいとか不正であると思うとき、彼はたんに自分がその行為に対してなんらかの感情を抱いていると思っているだけではない、と考えることは誰にも依然として全く自由である。この脈絡においてわれわれの議論で唯一の重要なことは、その議論が事実上右のことは真であると考えるための主な理由のひとつを無効にする、ということである。ある行為が正しいと言うことは、われわれがその行為に対してなんらかの感情を抱くということと同じではない、ということをわれわれが一たびはっきり理解すれば、ある種の感情の存在が常に事実上その行為が正しいというしるしであると考えるためのどんな理由が残るであろうか。諸行為に適用されるときの「正しい」という語の唯一の可能な意味は、誰かがそれらの行為に対してある種の感情を抱くということである、と何らかの仕方で仮定しなければ、ある種の感情のたんなる存在（または欠如）が必ず正しさのしるしであると、誰ひとりそれほど主張する気にはならないであろう、と思う。そしてわれわれの議論が反証するのは、それの形式のひとつにおけるこの仮定である。

しかし、まさにこの形式においてその見解は維持しがたいということがたとえ認められるとしてもなお、他のなんらかの形式においてそれは真であり、その形式から同じ結論――すなわち、全く同一の行為はまったくしばしば正および不正の両者であるという結論が生ずるであろうということが、依然として主張されうる。多くの人は、われわれがある行為を正しいとか不正であると判断するとき、われわれはたんに誰かある人または一群の人びとの感情について主張しているにちがいない、と信ずる非常に強い傾向をもっているので、たとえ彼らが、われわれは必ずしも彼ら自身の感情についてそれぞれを主張しているのではない、と確信しているにしても、彼らは依然としてわれわれが誰か他のひとの感情について主張しているにちがいない、と思う強い傾向がある。面倒なことは、もしわれわれがわれわれ自身の感情について主張しているにすぎないのであれば、われわれがその感情について主張していると、もっともらしく取られうるところの誰かある人または一群の人びとを発見すること、である。しかしなお、一見してまさに可能であるようにみえる二つの選択可能な途がある。すなわち（一）各人は彼がある行為を正しいとか不正であると主張するとき、一般に右の部類の行為に対して、ある種の感情が彼の属する社会のたいていの成員によって感じられる、と主張しているにすぎないということ。あるいは（二）たんに誰かある人がその部類の行為に対してある種の感情を持つということ、がある。

もちろん、この二つの見解のいずれからも全く同一の行為が、すぐ前の事例で与えられたと同じ諸理由のためにしばしば正および不正の両者である、ということになる。かくして、私がある行為を正しいと主張するとき、その行為は私の属する社会では一般に是認されていると私が主張しているにすぎないのであれば、もちろんその行為は私の社会によって一般に是認されていれば、私の主張は真であり、その行為は現実に正しいものであるということになる。しかしすでに明らかなように、私の社会で一般に是認されているなんらかの行為が、他のいろいろな社会ではこれまで否認されていたであろうし、または依然として否認されるであろうということは、打ち消しがたいようにみえる。そしてこの見解をとれば、それらの社会のひとつに属するどんな成員でも彼がある行為を不正であると判断するときには、その行為は彼の社会では否認されると判断しているにすぎないのであろう。それゆえ彼が、私の社会では是認されているが、彼の社会では実際に否認されているこれらの行為のひとつを不正であると判断するとき、彼のこの判断は、その同じ行為が正しかったという私の判断とまさに同じように真であろう、ということになり、このことから、同じ行為が実際に正および不正の両者であることになる。そして同様にわれわれが他方の途をとり、ある人がある行為を正しいと判断するとき、彼は誰かある人がその行為に対して特定の感情を抱いていると判断しているにすぎない、と言うならもちろん、いかなる人であれ実際その行為に対してこの感情を抱くときにはいつでも、その行為は実際に正しいものであるのに、他方いかなる人であれこの感情を抱いていないかまたは反対の感情を抱いているときにはいつでも、その行為は実際不正なものである、ということになる。そして確かに、ひとりの人が必要な感情を抱いているのに、別の人は同じ行為に対して反対の感情を抱くような事例が起るであろうから、そのような事例のすべてにおいて同じ行為は正および不正の両者になるであろう。

そこで、この二つの見解のいずれからも同一の結論が生ずるであろう。そして誰かが、その二つの見解のいずれかが真であるとはっきり考えるかどうかは私にはわからないけれども、その二つの見解に対する諸反論を簡単に考察することは無駄ではないであろう、と思う。なぜなら、われわれが正・不正の判断をおこなうときわれわれはめいめい自分自身の感情について語っているだけである、という見解をわれわれが一たび拒否するときには、右の帰結を生ずる途としては、この二つの見解しか残っていないと思われるからであり、しかもその見解に当てはまった反論はこの二つの見解に同じようには当てはまらないのに、この二つの見解に当てはまりはするが、そのような見解にそれほどはっきりとは当てはまらない反論があるからでもある。

事実、その見解に反対して主張された反論はこの二つの見解の第一のものにある程度当てはまる。なぜなら、人がある行為を正しいとか不正であると判断するとき、彼は常に彼自身の社会がもつ感情について主張しているにすぎないのであれば、異なった社会に属する二人は、ある行為が正か不正かに関してよもや意見を異にすることはありえない、ということになるからである。しかしこの反論は同じ社会に属する二人の間に当てはまるようには当てはまらない。誰かがある行為を正しいと主張するとき、彼は自分自身の社会がもつ感情について主張しているにすぎないという見解は、同じ社会に属する二人は、ある行為が正か不正かということに関して実際には意見を異にしうることを認めるのである。それゆえこの見解にしても、われわれが誰かある人が当の行為に対して特定の感情を抱く、と主張しているにすぎないという見解にしてもともに、ある行為が正か不正かということに関して意見を異にしうるような二人はいない、という不合理を含んではいない。各人が自分自身の感情について語っているにすぎないという見解に対する反論として、その二つの見解が右の不合理を含むという事実を主張することができるようには、これらの見解に対する反論として、その二つの見解が右の不合理を含むという事実を主張することはできない。

しかしそれにもかかわらず、それらの見解はともに等しく致命的な別の反論にさらされるが、右の見解はこの反論にはそれほどはっきりとはさらされない。この反論もまた、人がある行為を正または不正であると考えるとき、たまたま現実に起るところのことについての観察にもとづく心理学的事実のひとつにすぎない。というのは、彼がそれについて判断していると考えられるところのものとして、いかなる感情または諸感情を取るにせよ、ある人が自分は自分の社会の成員が一般にその行為に対して必要な感情（または感情の欠如）を抱いているとは思っていないときですら、ある行為を正しいと考えうるということは全く確実だからであり、しかも同様にある人が、自分は誰かがその行為に対して必要な感情を抱いているということを疑わないときですら、ある行為が正しいかどうかを疑いうるということは全く確実だからである。たしかにこの種の事例は絶えず生ずるのであり、それらが証明することは、ある人は彼が行為を正しいと考えるときどんなことを考えているにしても、確かに彼は、彼の社会がその行為に対して一般に特定の感情を抱いているとだけ考えているのではない、ということであり、同様に彼は、ある行為が正しいかどうかについて疑っているときには、彼が疑っているその問題はただ、誰でもよいある人がその行為に対して必要な感情を持っているかどうかということに関係するだけではない、ということである。それゆえ、この種の事実はこの二つの理論に対して全く致命的である。しかるに、彼は彼自身の諸感情について判断しているにすぎないという理論の場合をみると、そのことはあまり明白ではないので、その事実と一致しない同じ種類のなんらかの事実がある。というのは、ここで人がある行為を正しいと判断するとき、彼は常に彼自身その行為に対して何かある特定の感情を抱いていると思っている、ということがいくらかもっともらしく（もっとも真ではないように私は思うのであるが）主張されうるだろうからであり、そして同様に彼が、ある行為が正しいかどうかについて疑っているときには常に、彼は彼自身の感情について疑っているとと主張されうるだろうからである。しかし、人がある行為を正しいと判断するとき、たとえば彼が常にその行為は自分の社会では一般に是認されていると思っているようなこと、あるいは彼が疑っているとき、彼は常に誰かある人がその行為を是認するかどうか疑っているようなことは、決してなんらもっともらしく主張されえないであろう。彼は誰かがその行為を是認するということを十分よく知っているのに、しかもなおその行為が正しいかどうかについて疑うこともある。そして彼は、彼の社会がその行為を是認しないということを全く確かだと思うのに、しかもなおその行為は正しいものであると考えることもある。そして同じことは、われわれが道徳的是認の代りにいかなる感情をとるにしても成り立つであろう。

そこでこれらの事実は、人がある行為を正しいとか不正であると判断するとき、彼は必ずしも、彼の社会はその部類の行為に対して何かある特定の感情を抱いているとだけ判断しているのではなく、しかもある人がそのような感情を抱いているとだけ判断しているのでもない。しかしここでもまたその議論の諸限界を強調しておくことが大切であり、その議論が証明することとそれが証明しないこととをはっきり区別することも大切である。もちろんそれは、いかなる社会であれ、それに対して特定の感情を抱くところのどんな部類の行為も事実上必ずしも正しくはないであろう、ということを証明しないし、いかなる行為であれ、それに対しておよそいかなる人でもそのような感情をもつとしても事実上必ずしも正しくはない、ということすら証明するのではない。誰にしろ、われわれの議論の力を十分認めながら、依然としてこの事柄は事実上真であるということ、したがって全く同一の行為はしばしば正および不正の両者でもあるということ、を考えるのは全く自由である。われわれの諸議論が一緒になって厳密に証明することは、人がある行為を正しいとか不正であると主張するとき、彼はたんに彼自身の感情について主張しているのでもなければ、彼がその中で生活している社会の感情について主張しているのでもなく、さらに誰かある人がその行為に対してなんらかの感情を抱いているということだけを主張しているのでもない、ということだけである。このこと、しかもこのことだけがわれわれの理論の証明するところのことである。しかし、われわれがここまでは証明されているということを一たび認めれば、事実上どんな社会であれまたはどんな人であれ、それに対して特定の感情を抱くところのものは何でも常に正しいということは真である、と主張するためにわれわれはどんな理由を残しているのか。もちろん、そのことは事実上真であるかもしれないが、それが真であると想定するためのどんな理由があるのか。われわれが「正しい」という語によって意味しており、それゆえ実際に正しいすべての行為に属さねばならぬ述語が、時には誰かの感情に対するたんなる関係とは全く異なったものであれば、事実そのような関係が常にその述語に付随していると、なぜわれわれは想定すべきなのか。しかもそれに加えて、この述語は常に誰かの感情に必要な関係をもつすべての行為に属すると、なぜわれわれは想定すべきなのか。正しさがなんらかの人のまたは一群の人びとの感情に対してある関係をもつことと同じことでないならば、かりにそのようななんらかの関係が常に正しさのしるしであるとすれば、そのことは奇妙な一致となるであろう。われわれが証明したところのことは、正しさはいかなるそのような関係とも同じものではないということであり、そしてもしその通りであれば、多分ある行為が誰かの感情に対する必要な関係をもつ場合ですら、その行為は必ずしも正しいものではないであろう、ということになる。

そこで、われわれがある行為を正しいとか不正であると主張するとき、われわれはたんに誰かがその行為に対して特定の感情を抱いていると主張しているにすぎない、という見解に反対する決定的諸理由があり、これはいずれも、全く同一の行為が正および不正の両者でありうるということになる、というかたちを取るものである。そしてわれわれはまた、人びとをしてこの見解はなんらかの形式において真でなければならぬ、と考えさせるのにもっとも強い影響をもったと思われる諸理由のひとつは全くなんの意味もない、ということを理解しうると思う。私が言っているその理由は、われわれの道徳的判断の起源に関するある種の諸考察から引き出されたものである。人類の歴史において正・不正に関する判断は、未開人たちまたはいまだ人間でない彼らの先祖がある部類の行為に対してある種の感情を抱いたという事実に始まった、ということが広く考えられているのである。言いかえれば、われわれが遙か遠くさかのぼれば、われわれの先祖がいろいろの行為に対していろいろの感情を抱いたとき、たとえばある行為が気に入り、他の行為が気に入らなかった時があったが、しかしそれまでのところ彼はどんな行為をも正または不正であると判断しなかった時があった、と想定されており、いくらか後の段階で、子孫たちが正および不正について判断を始めたということは、われわれの先祖がこれらの感情を多少とも形を変えて子孫たちに伝えたからにすぎない、と想定されている。それゆえある意味では、われわれの道徳的判断はたんなる感情から発展したのであると想定されている。そして私は、このことが事実であったという想定に対してどんな反論もできない。しかしそのときまた、もしわれわれの道徳的判断が感情から発展したのであれば――もしこれが道徳的判断の起源であったら――道徳的判断は現在でもなお何らかの形で感情にかかわりがなければならない、つまり発展した結果はそれがほかならぬこの点で、そこから発展した胚種と似ていなければならない、としばしば想定されているようにみえる。しかし、このことは確かになんの根拠もない仮定である。発展した結果は常にある点でそれの起源とは異なっているということは、すべての人が認めている。そしてまさにどの点でその結果が異なっているかということは、たんに観察によって決定されうる事柄なのである。つまりわれわれは、その結果が常にある明確な諸点で胚種に似ていなければならないという普遍的法則を設定しえないのである。かくして、われわれの道徳的判断は感情についての判断にすぎないと考えている人びとですら、人類の歴史のある時点では、人びとおよび彼らの先祖たちがたんに感情を抱きはじめただけでなく、彼らが感情を抱いていると判断し始めるということを認めるに違いない。そのように判断することだけでも非常に大きな変化を意味するのである。もしこのような変化がいつか生じたに違いないのであれば、それがまさにいつ何故に生じ、どんな理由がそこにあるかを言いえないまでも、どうしてそれを上まわらない別の変化があとにもさきにも生じなかったはずがあろうか。その変化とは、行為に対して或る感情が感じられたというだけの事実に加えて、人びとが行為に付されうるところのもうひとつの述語を初めて意識するようになり、このもうひとつの述語について、それがある行為に属するかどうかを判断しはじめた、という事実にほかならない。もし人びとがいやしくも人間でない先祖から発達してきたのであれば、彼らはなんらかの新しい観念をはじめて所有することになるような場合が多かったに違いない、ということは確かである。そして、われわれが「正」および「不正」という語によって表わす諸観念は、たとえこれらの観念がたんに誰かある人がある行為に対して特定の感情をもつと考えることに存するだけではないにしても、なぜその観念のひとつであってはならないのか。われわれが感情をもっているという判断がなぜ同じ起源から発達したものでないのかという理由が存在しないと同様に、そのような観念がなぜ感情のたんなる存在から発達しないのかという理由は、存在しないのである。それゆえ、道徳的判断が感情から始まるという理論は、発達したいまでは、それらの判断はたんに感情についての判断でありうるだけであるという理論に、事実まったくなんらの支持をも与えない。ある事柄の起源から行なうどんな議論も、その事柄の本性がいま正確に何であるかに関する安全な指針とはなりえないのである。そのことは、その事物の現在の状態における実際の分析によって確立されねばならぬ問題である。そしてそのような分析は明らかに、道徳的判断がたんに感情についての判断に尽きるのではない、ということを示すようである。

そこで私は、正および不正についてわれわれの判断が誰かある人の感情についての判断にすぎないという理論は、それが、全く同一の行為がしばしば正および不正の両者である、という結論に到るような諸形式のどれにおいても、まったく維持しえないと結論する。しかし私は、このことはただ人びとにこの結論を受け入れさせるようにする場合、最大の影響をもつものであるようにみえる二つの理論のうちのひとつにすぎない、と言った。そこで今われわれは、この二つの理論の第二のものを簡潔に考察せねばならない。

この第二の理論はたったいま考察された理論としばしば混同されている。この理論とは、われわれがある行為を正しいとか不正であると判断するときわれわれが主張しているのは、誰かある人がその行為を正しいとか不正であると思っているだけである、と主張することにある。言いかえれば、すぐ前の理論が、われわれの道徳的判断が誰かの感情についての判断にすぎないと主張したのとちょうど同じように、この理論は、われわれの道徳的判断が誰かの思想または意見についての判断にすぎない、と主張するのである。そしてこの二つの理論は、ある行為に関する彼の感情が、その行為が正または不正であるかどうかに関する彼の意見と必ずしも明瞭に区別されないがゆえに、お互いに混同されがちである。かくして、全く同一の語がしばしばときとして、人がある行為に対してある感情をとることがあるという事実を表明し、またときとして、彼がその行為についてひとつの意見をもつという事実を表明するために用いられている。たとえばわれわれが、人がある行為を是認すると言うとき、われわれは彼がその行為に対してある感情を抱いているということか、それとも彼がその行為を正しいと思っているということかの、いずれをも意味しうるであろう。そこでまたわれわれが、彼がその行為を否認すると言うとき、われわれは彼がその行為に対してある種の感情を抱いているということか、それとも彼がその行為を不正であると考えているということかの、いずれをも意味しうるであろう。しかしそれでもなお、ある行為に対してある感情を抱くということは、たとえいかなる感情をわれわれがとるにしても、その行為を正しいとか不正であると判断することとは別の事柄である、ということはまったく明らかである。たとえわれわれがたったいま拒否された見解のひとつを受け入れて、ある行為を正しいとか不正であると判断することは、われわれがその行為に対してある感情を抱くと判断することと同じ事柄であるとしてもなお、判断するということはたんに感情を抱くこととはどこか違ったことである、ということになるであろう。というのは、確かに人は自分がその感情を抱いていると考えることなしにある感情を抱きうるからであり、あるいは、彼はその感情を抱くことなしにそれを抱いていると考えうるからである。それゆえ、ある行為が正しいとか不正であると言うことは、誰かがその行為に対してなんらかの種類の感情を抱いていると言うことと同じ事柄であるという理論と、ある行為が正しいとか不正であると言うことは、誰かがその行為を正しいとか不正であると思っているということと同じ事柄であるという理論とを、区別せねばならぬ。

しかしながら、この後者の理論は前者のそれと同じ三つの異なった形式において考えられるであろう。そして、それらのいずれの形式で考えられるにしても、この理論は同一の結論——すなわち、まったく同一の行為が非常にしばしば正および不正の両者であるということ——に到るであろうし、しかも同じ諸理由からそうなるのであろう。たとえば、もし私がある行為を正しいと言うとき私の意味していることのすべてが、私はその行為を正しいと思うということだけであれば、私が本当にその行為を正しいと思うならば、私がそうだと思うという私の判断は真となる、ということになるであろうし、そしてこの判断はその行為が正しくあるという判断と同一である、と想定されているので、その行為が正しいという判断は真であり、かくしてその行為は本当に正しいということになるであろう。そして一定の行為が正または不正であるかどうかに関するいろいろの人の意見は、時を同じくしても異にしても共に異なるということは、同じ行為に対するそれらの人びとの感情が異なるということよりはるかに明らかですらあるので、まったく同一の行為が非常にしばしば正および不正の両者である、ということになるであろう。そしてこの理論から生ずる結論は、後者の理論から生じた結論とまさに同一のものであるので、この結論がまたその中でとられてもよい三つの異なった諸形式のそれぞれにおいて、この結論は正確に同じ反論を免れない。かくしてこの結論は、それの第一の形式において二人が、ある行為が正または不正であるかどうかに関してなんら意見を異にしてはいないという不合理を含むであろうし、かくしてわかりきった事実と矛盾するであろう。一方この結論は他の二つの形式において、人が彼の社会はその行為を正しいと考えるとは思わなければ、その行為を誰も正しいとは考えないし、そして人がいやしくも誰かがその行為を正しいと考えるかどうかを疑わなければ、その行為が正しいかどうかを誰も疑わないという結論――それらの両者が確かに真でないところの結論を含むであろう。

これらの反論はそれだけでこの理論を後者のものと同じように十分片づけると私は思うが、しかしこの理論をもうしばらく考えてみる価値はある。なぜなら、この理論はまったく異なった秩序の別の反論にさらされ、後者の理論はこの反論にさらされなかったからであり、しかもその理論はそれのもっともらしさを正確に同じ言葉で表明されうるであろうし、まったくもって真でありうるところの別の理論と混同されやすいという事実に一部おうている、と私は思うからである。

この理論がさらされる特殊の反論は、われわれが一定の事柄を信ずるとき、われわれが信ずるところのことはたんにわれわれ（または誰か他のひと）が当の信念を持っているということにすぎないであろうということが、あらゆる場合にまったく不可能であるという事実にもとづいている。かりにそれが事実であるとすれば、われわれはいかなるものもなんら信じていないのであるから、このことは不可能である。そのことは、次のことが事実であると考えてみれば、つまり私がAはBであると信ずるとき私が信じているところのことは、誰かがAはBであると信じているということにすぎない、と考えてみればわかる。私がこの仮定で信じているところのことは、誰かが（私自身であれ誰か他の人であれ）AはBであるという信念を抱いている、ということにすぎない。しかし、誰かが抱いていると私が信じているところのこの信念は、何であるのか。この理論によると、その理論自身こんどはそれがAはBであると誰かが信じているという信念でしかないのである。それゆえ、私が信じているところのことは結局、誰かある人が誰かが信じていると――AはBであると、信じているということになる。しかしここでもまた、われわれは「AがBであること」という言い回しを、それと同一であると想定されていること――すなわち、AはBであると誰かが信じていることに代えうるのである。そしてここでもまたわれわれは同じ置き換えをなしうるのである。かくしてまったく無限になしうるのである。それゆえ私の信じているところのことは結局、誰かが信じていると誰かが信じていることを、誰かが信じていると誰かが信じている……と無限に続くことを信ずることになるであろう。誰かが信じているということは何であるかを私が述べようとするときには常に、私はそのことが再び誰かが……と信じているということにすぎないものであると知るのであり、そして私は、信じられているところのことがたとえどんなものであれ、決してそれを手に入れないであろう。しかし、かくのごとく誰かが信じていると信ずることを誰かが……と信じている、とまったく無限に続くことを信ずることは、つまり、信ぜられているところのどんなものへもいつか到ることなしに信ずることは、まったく何ものをも信じないことである。それゆえ、もしこのことが事実であれば、AはBであるという信念のような信念はどこにもありえないであろう。それゆえ、私がある所与物を信ずるときにはどんな場合でも、当の所与物はわれわれ自身（または誰か他のひと）がまさにその同一の所与物を信じているといいうことだけではありえないのである、と認めねばならない。そしてこのことはあらゆる場合に真であるので、それはわれわれの特殊な事例においても真でなければならない。それゆえ、ある行為を正しいと信ずることは、われわれ自身または誰か他の人がその行為を正しいと信じていることと同一のことでありうる、ということは全く不可能である。

しかしこの見解が維持しがたいということは、われわれが同一の語で、この見解を全く異なった完全に真であるような別の見解をしばしば表明することによって、曖昧にされやすいと思う。ある行為が正しいとか不正であると人が主張するとき、彼がこの主張によって表明しているところのことはすべて、彼がその行為を正しいとか不正であると思っているということだけであるということは、ある意味においては完全に真となるであろう。実を言えば、ある人が一定の主張によって言おうとしていることと、彼がそれによって表明していることとの間には必ずしも看取されていない重要な区別がある。われわれがたとえいかなる主張をするにせよ（われわれが語っていることを意味していないのでなければ）、そのときにはいつでもわれわれは常に二つの事柄のいずれか――すなわち、われわれが当の事柄をそうであると思っているということか、それとも私はその事柄がそうであると知っているということかの、いずれかを表明しているのである。たとえば、私が「AはBである」と言って私が語っていることを意味しているのであれば、私の言おうとしていることは常にAはBであるということだけである。しかし私の使うそれらの言葉は常にまた、私がAはBであると思っているということか、または私がそのことをそうであると知っているということかの、いずれかを表明するであろう。そして私が、私の語っていることを意味しない場合ですら、私の言葉は、私がAはBであると思っているということか、または私がそれを知っているということかの、いずれかを含意すると言われてよいのである。なぜなら、それらの言葉はこの二つの事柄のいずれかが事実であると、普通人びとに考えさせるであろうからである。それゆえ、人がある行為を正しいとか不正であると主張するときにはいつでも、彼がこれらの言葉によって表明しまたは含意していることは、たとえこの二つの事柄がいずれも彼の主張しようと思っていることの全体を決して構成しえないとしても、彼がその行為をそうであると思っているということか、彼がそれはそうであると知っているということかの、いずれかであろう。そして、彼が表明したり含意したりするこれら二つの途の間のように、表明されたり含意されたりしているのは常に第一のものだけであって決して第二のものではない、と考えることはまったく可能である。言いかえれば、われわれは常にただ、ある行為が正しいとか不正であると信じまたは思っているだけであって、どれがそうであるかを決して本当には知っていない、と考えてよい。それゆえ、われわれがひとつの行為をそうだと主張するときには常に、意見または信念を表明しているにすぎず、決して知識を表明しているのではない、と考えてよい。

これは完全に維持しうる見解であり、それを支持して多くのことが言われている。そして確かに、人がある行為を正しいとか不正であると主張するとき彼が主張しようとしていることのすべては、彼がその行為もそうであると知っているということだけであるという、他のまったく維持しえない見解と混同されやすいと私は思う。事実、この二つの見解は正確に同じ言葉で表明されがちである。ある人が「しかじかの行為は不正である」と主張すれば、彼は「あなたの本当に言おうとしていることは、その行為を不正であったとあなたが思っているということである」という返答に出くわしがちである。そしてこの返答をする人はただ、その返答によって言おうとするのは一般にはその人がその行為を不正であると知っているのではなく、それがそうであると信じているということだけであり、つまり、彼は自分の意見を表明しているだけであり、その点に関して絶対的知識をなんら持ってはいない、ということだけであろう。別の言葉で言えば、人はしばしばひとつの主張によって、彼が事実上それによって表明しているだけのことを意味すると莫然と語っている。そしてあれやこれやの理由で、われわれが考察している二つの見解は相互に混同されやすいのである。

しかし明らかに、この二つの見解の間には測り知れない相違がある。もしわれわれが、誰でも、ある行為が正しいとか不正であると知っておらず、それがそうであると思いうるだけであるという維持しうる見解を取るだけであれば、そのときにはある行為を正しいとか不正であると主張することは、われわれがその行為を正しいとか不正であると思っている、と主張することと同じことであるという維持しえない見解を含意するどころか、これと正反対のことをわれわれは含意しているのである。というのは、私はある行為を正または不正であると私が思っていることを知りえない、と誰も主張しないであろうからである。それゆえ、私がその行為を正または不正であると知りえないのであれば、その行為が正または不正であるという主張と、それがそうであると私が思うという主張との間には測り知れない相違があることになる。すなわち、この見解にしたがえば、前者は私が決して真であると知りえない主張であり、それに反して後者は私が明らかに真であると知りうる主張である。したがって、われわれがある行為を正または不正であるかどうかを決して知りえないという維持しうる見解は、ある行為がそうであると考えられることと同じことであるという維持しえない見解を、少しも支持しない。逆に、両者は全く相反するものである。なぜなら、明らかにわれわれは、ある種の行為は正であると考えられており、そして他の種の行為は不正であると考えられているということを知りうるからである。しかもなお、その二つの見解が結合されているのをみることは稀ではないし、同一人が、われわれはある行為が正または不正であるかどうかを決して知らないと同時に、ある行為が正または不正であると言うことは、それがそうであると考えられているということと同じことである、とみなしているのをみることは稀ではない、と私は思う。明らかにその二つの見解ははっきり区別されるべきである。そしてもしこの二つの見解がそのように区別されれば、かりに後者が真であれば前者は決してそうではありえまいという理由だけによるにせよ、後者が拒否されねばならぬのは明らかである、と私は思う。

そこで、われわれはこの章で二つの異なった見解、すなわち（一）ある行為が正しいとか不正であると言うことは、誰かがなんらかの感情（または感情の欠如）を持っていると言うことと同じであるという見解、および（二）ある行為が正しいとか不正であると言うことは、誰かがそれがそうであると思っていると言うことと同じであるという見解を考察した。この二つの見解はともに或る種の形式で主張されるときには、いろいろの人やいろいろの社会がしばしば同一の行為に対して異なった感情や反対の感情を抱いたり、それについて異なった見解や逆の見解を持つという事実によって、まったく同一の行為が非常にしばしば正と不正の両者であるということを含意する。その二つの見解がこのことを含意するという事実はそれ自体、その二つの見解に反対する議論となる。なぜなら、まったく同一の行為が正と不正の両者ではありえないということは自明なようにみえるからである。しかしこのことが自明であると考えない人もいるであろう。そしてそれゆえ、右の反論とは独立の諸反論がこれらの見解に対して主張されてきたのであり、それらの反論はこれらの見解が維持しえないものであることを示そうとしている、と私は思う。第一の見解の場合にはそのような議論はただ、まったく同一の行為がしばしば正と不正の両者であるということを含意する見解の諸形式に対して、持ちだされるだけである。それと同じ見解を他の諸形式において主張しうるのであって、その形式はこの帰結を含意せず、それゆえ次章で扱われるであろう。しかし第二の見解の場合にはまた普遍的議論が用いられたのであり、この議論は第二の見解が主張されてよい全くすべての形式に適応する。

この見解は、まったく同じ行為がしばしば正と不正の両者でもあるという結論に到るという事実を別にしても、初めにわれわれはこれらの見解が偽であるということを了解することが極めて重要である、と私は思う。なぜなら、かりにそれらの見解が真であれば、倫理学の本質全体に関してそれが正および不正にかかわっているかぎり、通常多くの著者たちによって取られてきたこととは全く異なった見解を、われわれは取らねばならぬことになるだろうからである。かりにこの見解が真であれば、この分野における倫理学の仕事全体は、人びとがいろいろの行為についていかなる感情や意見を現実にもったか、しかもなぜ彼らはそれらのものをもったか、を明らかにすることにだけ存することになるであろう。かなりの数の著者たちが実際にその主題を、あたかもそれが探求されねばならなかったことのすべてであるかのように扱っているようにみえる。そしてもちろん、この種の問いは関心がなくはないし、正当な好奇心の主題でもある。しかし、そのような関心はただ心理学や人間学のひとつの特殊な部門を形成するだけであり、確かにたいていの著者たちは、倫理学の特別な仕事およびそれが答えようとすべき問いはこれとは全く異なったものであるという仮定にもとづいて、研究してきたのである。彼らはある行為が正しくあるかどうかという問いは、誰かある人または一群の人びとがその行為について或る種の感情とか意見を持っているということを示すことによって、完全には解決されえないとみなしている。彼らは人びとの感情や意見が種々の仕方でその問いに関係するということは認めるようであるが、しかし一定の人または一群の人びとが一定の感情または意見を持つというたんなる事実は、彼らも言うように、ある行為が正または不正であるということをそれだけで決して十分に示すことはできない。

けれども、この章で考察された諸見解はこれと正反対のことを含意する。つまりそれらの見解は、人びとの感情または意見が現実にいかなるものであるかをわれわれが一たび見出せば、問題全体は終局的に解決される、すなわち事実上それ以上討論すべき問いはないということを含意する。私はこれらの見解が維持しえないということを示そうとした。そこで私はこれから、これらの見解が維持しえないという仮定にもとづいて進むであろう。同様にまた私は、まったく同一の行為が正および不正の両者ではありえないという仮定にもとづいて進むであろう。そして、われわれがこれらの仮定にもとづいて進みうるというまさにこの事実こそ、それらの仮定の正しさを支持する間接の議論なのである。というのは、われわれがある行為を正しいとか不正であると主張するときにはいつでも、われわれは誰かある人の感情または意見について主張しているにすぎないのであれば、われわれがわれわれ自身の意味することについて誤ってしまい、正または不正に関する問いは、人びとが感じたり思ったりしているところのことを示すことによっては絶対に解決されえないと考えたり、ある行為は正および不正の両者ではありえないと考えてしまうことは、とうていありえないであろうからである。この仮定によると、われわれは正および不正に関する多くの問いを提出しうるということがわかるであろう。そしてそれらの問いは明らかに不合理ではないようであり、しかもなおそれらの問いは、もし正および不正についての主張が人びとの感情や意見についての主張にすぎないものであれば、あるいは同じ行為が正および不正の両者でありうるならば、まったく不合理となるであろう――われわれがそれについてしばしの間も逡巡しえない問いとなるであろう。

第四章　道徳的判断の客観性（続き）

前章を始めるに当って、われわれが考察している倫理理論――最初の二つの章で述べられた理論――は、随意的行為のなんらかの部類について、もしその部類の行為が一たび正しければ、同じ部類の他のどんな行為も常に正しくなければならぬということを主張するのではない、と述べられた。そしてこのことが真であるのは、右の言明が自然に理解されるであろうと思われる、という意味においてである。しかしいまや、ある意味ではその言明は真でないということを強調することが大切である。われわれの理論が主張しているのは、なんらかの随意的行為が一たび正しければ、そのときにはひとつの特定の点で（あるいはむしろ結びついた二つの点において）その行為に類似する他のいかなる随意的行為も常にまた正しくなければならぬ、ということである。そして、われわれが部類という語を可能なかぎりもっとも広い意味にとれば、およそなんらかの点でお互いに類似する一群の行為はいかなるものもある部類を形成する、と言われるのであるから、この広い意味ではわれわれの理論は行為に多くの部類があり、それゆえそれらの部類のひとつに属する行為が一たび正しければ、その同じ部類に属するどんな行為も常に正しいであろう、と主張することになる。

われわれの理論がこの題目のもとで主張することが正確に何であるかは、かなり混み入った仕方でしか的確に述べることはできない、と思うが、しかしそのことをできるだけ正確に述べることが大切なのである。その正確な点とは次のようなものである。つまりこの理論が主張したのは、すでに見たように、ある随意的行為が正または不正であるかどうかという問いは常に、われわれがそれの代りに為しえたであろうすべての選択可能な行為の全結果と比較するとき、その随意的行為の全結果が何であるかに依存している、ということである。そこでわれわれが或る正しい行為Xを持っており、それの全結果がAであると想定しよう。さらにすべての選択可能な行為の全結果がそれぞれB、C、DおよびEとなるであろうと想定しよう。そうすると、われわれがいまそれとかかわっている正確な原理は以下のように述べられるであろう。すなわち、われわれの理論が含意するのは（一）それの全結果Aと正確に同じであるということ、そして（二）すべての選択可能な行為の全結果がB、C、DおよびEと正確に同じであるということの二点の両者で、Xに類似したどんな行為Yも、Xが正しかったら必然的にまた正しくなるであろうし、Xが不正であったら必然的にまた不正となるであろう、ということである。このことはただ同時にこの二点の両者においてXに類似する行為について真であるにすぎない、という点を強調することが大切である。われわれは、それの全結果がXの全結果と正確に同じであるどんな行為Yもまた、Xが正しければ正しいであろうと言うことはできない。他の条件も満たされるということ、すなわち、すべての選択可能な行為の全結果はまた二つの場合の両者で正確に同じであるべきである、ということが絶対に不可欠である。というのは、かりにそうでなければ――Yの場合なんらかの行為が選びえて、それが、Xの場合選びえたなんらかの行為によって生みだされたであろうどんな結果とも、全く異なった結果をもつとしたら――そのときには、われわれの理論によると、この他の選択可能な行為の全結果はYのそれより内在的により善いであろうということもありそうであり、その場合Yはたとえその全結果がXのそれと正確に同じであり、しかもXが正しかったとしても不正となるであろうからである。それゆえ、二つの条件の両者が同時に満たされねばならない。しかしわれわれの理論が含意するのは、同時にこの二点の両者で別のものと類似しているどんな行為も、前者が正しければ正しく、前者が不正であれば不正とならねばならぬ、ということである。

これこそわれわれが現在かかわっているところの正確な原理なのである。多分この原理は、それが第二章で述べられた形式で述べる方がもっと都合がよいであろう。すなわちそれは、それの全結果がAである行為を、それの全結果がBである行為より優先して為すということがいやしくも正しいのであれば、それの全結果がAに正確に同じであるなんらかの行為を、それの全結果がBに正確に同じである行為より優先して為すということが常に正しくなければならぬ、という形式である。この原理はまた、ある行為が正または不正であるかどうかという問いはその全結果または帰結に常に依存する、と単純に言うことによって普通意味されているところのことである、と思う。しかしこのように言うことはその原理についての正確な言い方ではない。なぜなら、これからみるように、正および不正はある意味で常にある行為の全帰結に依存し、しかもこの原理は真でないとみなされているからである。この原理はまた時として、ある行為が一たび正しければまた、あらゆる点で正確に同じ状況において為された正確に同じ行為はどんなものでもまた正しくなければならぬ、と言うことによって表現されることもある。しかしこのことはあまりにも狭すぎもするし、広すぎもする。それがあまりにも狭すぎるというのは、われわれの原理は正確に同じ行為についての主張に限定されないからである。われわれの原理が主張するのは、それの諸結果が別のXの諸結果と正確に同じであるどんな行為Yも、もしその二つの場合において選択可能な行為の結果がまた正確に同じであれば、たとえYそれ自体がXと正確に同じではなくそれと全く異なっているとしても、Xが正しければ正しいであろう、ということである。そしてそれがあまりにも広すぎるというのは、われわれの原理は、二つの行為はともにそれ自体において正確に同じであり、しかもまた、それらの行為の結果もまた、正確に同じでなければならぬ正確に同じ状況において為されたものである、という事実からは出てこないからである。もちろん、このことは自然法則が同一のものであるかぎり出てくるであろう。しかし、もしわれわれが自然法則を変化すると想定したり、あるいはわれわれがいろいろの自然法則がこの法則において考えられているところのものから成り立つ宇宙を思い浮かべるならば、そのときには明らかに、正確に同じ状況で為された正確に同じ行為がなお異なった全結果を持つであろう。それゆえわれわれの原理によれば、正確に同じ状況で為された正確に同じ二つの行為はどんなものでも、一方が真であれば両者がともに真でなければならぬという言明は、この宇宙に適用されるときには真であるにしても、(普通想定されているように)自然法則が変化しえないのであれば、その言明は絶対無条件に真となるのではない。しかしわれわれの理論が絶対無条件に主張するのは、一群の全結果Aの方を別の一群の全結果Bよりも選ぶということが一たび正しければ、考えうるどんな宇宙においてもそれは常に、Aに正確に同じ一群のものの方をBに正確に同じ一群のものよりも選ぶということが正しいに違いない、ということである。

そこでこれが、われわれの理論の主張する第二の極めて基本的な原理――ある意味では行為の部類にかかわっており、たんに特定の行為にかかわっているのではない原理、である。そしてこの原理を主張する場合にもまた、われわれの理論は正しいように思う。しかし多くの異なった見解が取られており、それらは一方では、まったく同一の行為が正および不正の両者ではありえないということを認めているのに、なおこの第二の原理は真でないと主張したりあるいは含意したりするのである。そこで私は、それらの見解のなかでひとつの特定の点――すなわち、それが「正しい」という語の意味に関する、または「善い」という語の意味に関するある見解に依存するという点において、先の章で扱われた諸理論に類似する理論をこの章で扱おうと思う。

そこでまず第一にわれわれは、簡潔にひとつの理論を述べてよいであろう。その理論は前の章で扱われた諸理論のうちのいくつかのものに酷似しており、しばしばそれらの理論と混同されているとは思うが、それでもなおひとつの極めて重要な点でそれらの理論と異なっているものである。これはまさに、ある行為が正しいとか不正であると言うことは、すべての人間の大多数がその行為の属する部類の諸行為に対してなんらかの特定の感情(または感情の欠如)をたいていもっていると言うことと同じである、という理論なのである。この理論は前の章で考察された諸理論とは異なっている。なぜならこの理論は、まったく同一の行為がかつて現実に正および不正の両者であるということを含意しないからである。というのは、いろいろの人やいろいろの社会の感情が時を異にしていかにひどく異なっていようとも、われわれが過去、現在、未来のすべての場合に、あらゆる人間の大多数を厳密に考えるならば、たとえばすべての人間のかかる絶対多数によって一般に是認されている行為のいかなる部類もまた、すべての人間の絶対多数によって否認されないであろうからである、もっともそれが或る一社会の大多数によって、または或る一時代に生きているすべての人の大多数によって否認されるかもしれないにしても。それゆえこの提案、つまりわれわれがある行為を正しいとか不正であると主張するときには、われわれはすべての人間の絶対多数の感情について主張していると言うことは、まったく同一の行為が正および不正の両者ではありえないという原理と相入れないわけではない。この提案は、いろいろの人やいろいろの社会が時を同じくしても時を異にしても、その部類の諸行為に対して異なって感ずるであろうという事実にもかかわらず、特定のいかなる行為も常に正または不正のいずれかであるということを許す。この提案と相入れないのは、われわれがいま考案している原理なのである。というのは、この提案が含意するのは、大多数の人間がひとつの部類Aの諸行為に対して特定の感情を抱くようなことがなかったとしたら、たとえAおよびBの諸結果がそれぞれ現在のものと正確に同じであったとしても、この部類の諸行為の方を別の部類のそれらよりも選ぶことは正しくないであろう、ということだからである。言いかえれば、この提案が含意するのは、人が誰もいないか大多数の人の感情がこの宇宙のものと異なっているところの宇宙では、一群の全結果Aの方を別の一群の全結果Bよりも選ぶことは正しくありえない、たとえこの宇宙において一群の全結果Aを選ぶことが常に正しくあるとしても、ということである。

さて、この理論がこれまではっきり主張されたかどうか私にはわからないが、確かに哲学者のなかにはあたかもそれが真であるかのように論じたものもいる。たとえば大きな苦は、人間というものは一般に快の最大量に至る行為を喜こび、最大量より少ない量のものに至る行為を喜こばない、ということを示すために用いられる。しかもこのことがそうであるということの証拠が同時に、あたかも快の最大量に至るところのことを為すのは常に正しく、最大量より少ないものに至るところのことを為すのは不正である、ということの証拠であるかのように論じられた。しかし明らかに、人間は一般に特定の種類の行為を喜こぶということを示すことが、その種の行為が常に正しいということを示すことと同じことでないならば、人間が一般に喜こぶところのものが常に正しいものであるということを示すためには、それに無関係のなんらかの証拠が必要である。そしてこの論証を用いた人のなかには、かかる証拠が必要であるということを知っていなかったようにみえる者もいるのである。ある行為が正しいと言うことは、人間が一般にその行為を喜ぶと言うことと同じことではない、ということをわれわれが完全にはっきりと認めるやいなや、人間が一般に特定の種類の行為を喜ぶということを示すことは、その行為が正しいということを十分には示さないということが明らかになる。そしてそれゆえ、右のことが十分であるかのように論じた人びとは、ある行為が正しいと言うことは人間が一般にその行為を喜こぶと言うことと同じことであるかのように論じた、と言うのは正当であると思う、もっとも、多分この仮定が彼らの面前にはっきり置かれたとすれば、彼らはこの仮定を拒否したであろうが。

したがって、ある行為を正または不正と呼ぶことが、すべての人間の絶対多数がその種の行為に対してなんらかの特定の感情（または感情の欠如）を抱くということと同一のことであるという理論は、たとえはっきりと抱かれたことがなかったとしてもしばしば仮定されてきた、と言ってよいと思う。そしてそれゆえこの理論は、前章で扱われた理論の二つと正確に同一の反論にさらされているということを指摘するのは、多分価値あることであろう。その反論とは、われわれがいかなる感情を抱こうとも、すべての人間の絶対多数がある行為に対して特定の感情（または感情の欠如）を抱くかどうかを人が疑っている場合ですら、彼はある行為が正しいということに疑いを持ちえないということは事実上まったく確かである、というものである。そしてこのことが示しているのは、彼がその行為を正しいと思うとき彼がどんなことを考えていようとも、彼は多数の人間がその行為に対してなんらかの特定の感情を抱いているとだけ考えているのではない、ということである。それゆえ、人間の絶対多数によって是認されまたは好まれるところのことが事実上常に正しい（そしてこのことにわれわれは異議を唱えているのではない）、ということは真であるとしても、そのことが正しいと言うことが、そのことがかく是認されていると言うことと同じことでないのは全く確かである。そしてこれでもって、われわれは「正」および「不正」という語の意味に関するある種の型の理論を終りにする。いまやわれわれは次のような結論を与えてよいであろう。すなわち、これらの語の意味がいかなるものであれ、その結論は人びとの感情や思想――特定のどんな人の、特定のどんな社会の、誰でもよいある人の、さらには全体としての人間の感情でも思想でもない――についてなされるいかなる主張とも同じではない、と。ある行為について、それが正しいとか不正であると述語づけることとは、その行為について、どんな人または一群の人びとがそれに対してなんらかの特定の感情を抱くとか、それについて意見を持つという単なる事実とは全く異なる何かあることを述語づけることである。

しかしある哲学者たちは、まったく同一の行為が正および不正の両者でありうるという見解にもっとも強く異議を感じており、しかもまたある行為が正または不正であるかどうかという問いは、人びと――大多数の人びとですら――が現実にその行為について感じたり思ったりするところのことに或る仕方で依存する、ということを含意するどんな見解に対しても、もっとも強い異議を感じているにもかかわらず、ある行為を正しいと呼ぶことはたんにその行為に対するなんらかの存在者の態度について主張することでなければならぬ、というように強く確信しているようにみえるので、彼らは、ある人または一群の人びととは別のなんらかの存在者がいて、同一の行為とか行為の部類に対する彼らの態度は決して変らないという見解を受け入れたし、しかもわれわれがいろいろの行為を正しいとか不正であると主張するとき、われわれの為しているところのことはただ、この人間でない存在者の態度について主張することでしかないという見解を受け入れたのである。そしてこの型の諸理論は次に私が考察したいと思うものである。

この型のなんらかの理論を取る人びとは一般に、われわれがある行為を正または不正と呼ぶことによって意味するところのことは、当の人間でない存在者がその行為の属する部類の行為に対して或る感情を抱いているとか抱いていないとかいうことではなくて、この存在者はその部類の行為に対してわれわれが進んで行なうこととか命令することまたは禁止することと呼ぶ心的態度のひとつ、つまりわれわれが完全に精通しており、一般には感情という項目の中に分類されず、全く別個の項目の中に分類される一種の心的態度を持ったり持たなかったりする、ということであると考えている、と思う。一定の部類の行為を禁止することは、それが為されるべきでないと意志しまたは命令することと同じである。しかも一般に取られている見解は、ある行為が為さるべきであると言うことは、その行為は人間でない存在者が意志しまたは命令するところのある部類に属している、と言うことと同じである、つまりその行為が正であると言うことは、その行為は人間でない存在者が禁止しないある部類に属している、と言うことである。そしてその行為が不正であるとか為さるべきでないと言うことは、その行為は人間でない存在者が禁止するある部類に属している、と言うことである。したがって正および不正に関する主張はすべて、この型の諸理論によれば、なにか人間でない存在者の意志に関する主張と同一視されているのである。そして、正および不正の判断がいやしくもなんらかの心的態度に関する判断であれば、正および不正の判断は、われわれが感情作用と呼ぶところのなにかあるものに関する判断というよりもむしろ、われわれが意志作用と呼ぶ心的態度に関する判断であると、なぜわれわれが考えるべきなのかという明白な理由は二つある。

第一の理由は、われわれが「正」という語によって表明する観念は明らかに、第一章（二二―二九ページ）で説明された仕方で「べき」という語によって表明するところのことと密接に結びついているようにみえる、ということであり、しかも「べき」という語は命令を表明するということを暗示するようにみえる多くの言葉遣いがある、ということである。ほかならぬ**十誡**という名称は馴染み深い一例であるし、これらの十誡が表明されている言語がそうなのである。誰でもこれらの十誡を、ある種の行為は為さるべきであり、他の種の行為は為さるべきでないという趣旨の主張と解している。しかしそれにもかかわらず、これらの十誡は「命令」と呼ばれている。そしてわれわれが、それらが実際に語ることを考慮すれば「汝殺人を犯すなかれ」、「汝盗むなかれ」というような諸表現――「人を殺してはならぬ」、「盗んではならぬ」というう命令と明らかに等価であるところの、それゆえ厳密に諸命令を表明しているところの、いろいろの表現を見出すのである。この理由だけからしても、「べき」という語が常に命令を表明していると想定することは極めて当然である。それにも拘らず同じ想定——すなわち、一定の部類の行為が為さるべきであるとか為さるべきでないとかいう事実はしばしば、「道徳法」つまりかかる事実は法律的意味——われわれが英国または他のどんな国の法律について語る意味——において、ある仕方で「法律」と類似していることを本来暗示する名称と呼ばれているという想定を支持する別の理由がある。しかしわれわれが、なんらかの一定のものが右の意味で一定の共同体の「法律の一部」であると言うことによって意味されていることを注意して理解すれば、そのもの自身がその社会に対して必然的権威を持つなんらかの人または人びとによって意志されているか、それともそのように意志されている或るものから推論されうるかのいずれかでなければ、いかなるものもどんな共同体の法律の一部でもありえない、という見解を支持する非常に多くの事実がある。実際、もしある人または一群の人びとが意志するところのもの、または彼らが意志している何かあるものから推論しうるところのもの以外、何一つその共同体の法律でありうるようなものはないということが真であるはずであれば、「必然的権威を持つこと」によって意味されていることを定義すること、または言いかえれば、ある人または一群の人びとが共同体に対していかなる関係を持たねばならぬかを言うことは、決してたやすいことではないのである。しかし依然としてある人または一群の人びとが常にいて、その人びとの意志または同意が法律を法律たらしめるに必要である、ということは真であろう。そしてこのことが事実そうであるかどうかは別としても、なんらかの共同体の法律であるあらゆる法律が、ある意味で人間の意志次第であるということがあるようにみえる。このことが真であるのは、あらゆる法律のすべての場合において、ある種の意志作用を遂行することによって法律が法律であることを止めさせるところのある人びとが常にいる、という意味においてであり、しかもまた法律でないどんなものの場合にも、ある種の意志作用を遂行することによってそのものを法律たらしめうるある人びとが常にいる、という意味においてである。もっとも当然のことながら、ある法律の場合に改変しうるなんらかの一定の人びとが非常にしばしば、それ以外の法律の場合には改変しえないのではあるが、それらの場合には別の一群の人びとが求められるのであろうし、もちろんある場合には、その協力が求められるであろう人びとの数は極めて大きくなるであろう。それゆえ、あたかも法は法律的意味では本質的に人間の意志次第であるかのようにみえるのである。そしてこの事実は当然のことながら、道徳法則もまたある存在者の意志次第であるということを暗示する。

これらのことが、道徳的判断はある存在者または諸存在者の感情に関するよりもむしろ意志に関する判断である、と人びとに想定させる二つの主要な理由である、と思う。そしてもちろん道徳法則の場合、当の存在者または諸存在者が誰かある人または一群の人びとでありうると想定することに対しては、正および不正についての諸判断はたんに人びとの感情や意見についての判断でしかありえない、という想定に対して存在するのと同一の諸反論がある。それゆえ、この仕方でわれわれがいま考察している見解——ある行為についてそれが為さるべきであるとか、正しいとか、あるいは為さるべきでないと言うことは、その行為がなにか人間でない存在者によって命令されたり、許可されたり、あるいは禁止されているある部類の諸行為に属しているということである、という見解が当然生じてくる。人間でない存在者とは誰であり、何であるのかに関して種々な見解が取られるのはもちろんである。もっとも単純な見解のひとつは、それは神であるという見解である。すなわちわれわれがある行為を不正と呼ぶとき、われわれは神がそれを禁止していると言おうとしている、という見解である。しかし他の哲学者たちは、そのような人間でない存在者は「理性」と呼ばれる存在者か、「実践理性」とか「純粋意志」とか「普遍意志」とか「真なる自己」と呼ばれる存在者である、と想定している。場合によっては、これらの名称で呼ばれる存在者はたんに人間精神の「諸能力」にすぎないか、またはすべての人間の精神に固有であったり、それの一部を形成したりしているなにか他の実在である、と想定されている。そしてこれが事実である場合には、これらの想定された実在を「人間でない」と呼ぶことは不当であるようである。しかし私がそれらの実在を人間でないと呼ぶことによって言おうとしているのは結局、たとえそれらの実在が人間精神の能力とかそれに固有の実在であるとしても、少なくとも誰か特定の人または或る一群の人びとという人間存在ではない――すなわちそれらの実在は人びとではない、ということを強調することである。というのは、それらの実在は仮定により不正であるところのものを決して意志しえない存在であるが、しかるにすべての人びとは不正であるところのものを意志しうる時には為すこともある、ということが認められているからである。哲学者たちがあたかも彼らはこの種の存在者を信じているかのごとくに話すとき、疑いもなく彼らは隠喩的に話しており、実際にはかかる信念をなんら抱いていないこともあるのである。かくして哲学者はしばしば、われわれを必ず正に導き決して不正に導くことのないわれわれの精神の、なんらかの能力または部分が存在するということを実際には含意しようとせずに、「理念の命令」として倫理的真理を語りうるのである。

しかし、そのような言葉は必ずしも隠喩的であるのではないということは明らかである、と思う。私が正しく判断し正しく意志するときにはいつでも、これらのことを行なわせるなにかあるもの——異なった場合のすべてにおいて同一のなにかあるものが、実際私の内にあるとみなされており、このあるものは決して誤って判断したり不正に意志したりはしないとみなされている。それゆえ、私が誤って判断したり不正に意志するとき、そのようなことを行なわせる異なったなにかあるものが私の内にあるとみなされている。

さて、この種の諸見解に対するもっとも重大な反論は、控えめに言っても、それらが存在すると想定するようななんらかの存在者——不正であるところのものを決して意志せず、常に正しいところのもののみを意志するなんらかの存在者がいるかどうかは極めて疑わしい、と多くの人には思われる、というものであろう。そして私自身十中八九までそのような存在者——神でもなければ、哲学者たちが私の述べてきた諸名称によって呼ぶいかなる存在者でもない——はいない、と思う。しかし、なんらかの存在者がいると想定することに賛成したり反対したりする諸理由を十分に議論することは、あまりにも長い時間がかかることになるであろう。そして幸なことに、このことはわれわれの現在の目的には不要である。というのは、われわれが答えねばならぬ唯一の問いは、かかる存在者がいて、それが為すべきことのすべてをしかも為すべきことだけを命令し、不正であるところのすべてをしかも不正なるもののみを禁止すると想定するにしても、ある行為が為さるべきであるとか為さるべきでないとか言うことによってわれわれが意味しているることは果して、この存在者がそのことを命令したり禁止したりするということだけでしかありえないのかどうか、ということだからである。そして、われわれの意味しているのは、事実たとえ実際にかかる存在者がいるとしてもこのことだけでしかありえない、と想定することに反対する決定的議論があるように、私には思われる。

この議論は要するに、かかる存在者が存在していようといまいと、確かにそのような存在者がいるということを信じない人が多い、ということ、そしてかかる人びとはその存在者の存在を信じないにもかかわらず、それでもなお行為は正および不正であると依然信じうる、ということにすぎないのである。しかしこのことは、かりにわれわれの考察している見解が真であれば、まったく不可能であろう。その見解に従えば、ある行為が不正であると信ずることは、その行為がこれら人間でない存在者のうちのある存在者によって禁じられている、と信ずることと同じことである。それゆえ、ある行為が不正であるといやしくも信じている人なら誰でも、事実上かかる存在者の実存を信じているのである。したがってそれが主張するのは、行為が正しいとか不正であると信ずる人なら誰でも、事実上これらの存在者のひとつを信じている、ということである。そしてこの主張は明白に事実に反するようにみえる。なるほど、われわれがこれらの存在者のいずれをも信じない人がいると言うとき、本当に真であるところのことは結局、それらの存在者を信じていると思うある人がいる、ということにすぎないのであって、実際には誰でも本当は信じているのである、と主張されるかもしれない。しかしあらゆる場合に、彼らが、彼ら自身の信念の本性に関して同じように誤っていると本気で主張することは、確かに不可能である。しかしもしそうであれば絶対に、たとえ不正な行為が常になんらかの人間でない存在者によって事実禁じられているにしても、それでもなおそれらの行為が不正であると言うことは、それらが右のように禁じられていると言うことと同じではない、ということになる。

そしてまた、われわれがこの章で考察している原理に彼らが反駁する理由を力説することが、この部類の諸見解に反対する議論として重要である。彼らがこの原理を反駁するのは、彼らが、常に考えうるどんな宇宙においても正または不正であるだろうとわれわれが言いうるような部類の行為は絶対に存在しないということを含意しているからである。彼らがこのことを含意するのは、彼らが存在すると想定する人間でない存在者がもし存在していなかったとすれば、なにひとつ正でも不正でもないであろう、ということを彼らは含意しているからである。かくして、たとえばある行為を不正と呼ぶことは、それが神によって禁じられているということと同じことであると考えられるならば、神が存在しなければ何ひとつ不正ではないであろうということになるであろう。かくして、神はそれが不正であるがゆえに不正であるところのものを禁ずる、とわれわれは決して考えないことになるであろう。逆に、不正であるところのものの不正さはただたんに神がそれを禁ずるということにある、とわれわれはみなさねばならない――これは、不正であるところのものは事実上神によって禁じられていると信じている多くの人ですら、当然不服に感ずる見解であろう。

これらの理由から、われわれは最後に次のように結論づけてよいのではないかと思う。すなわち、われわれがなんらかの行為を正しいとか不正であると主張するとき、われわれはいかなる存在者または一群の諸存在であれ、その行為に対する存在者の心的態度――われわれがどんな心的態度を当の態度だとみなそうとも、つまり感情、思考、意志という態度のいずれがその態度だとみなそうとも、そしてまたいかなる存在者または諸存在者をとろうとも、つまりそれが人間である存在者であれ人間でない存在者であれ――について主張しているだけではない、と。かくして、なんらかの特定の存在者または諸存在者がある行為に対して特定の心的態度を取るとか取らないという趣旨のどんな吟味も、その行為が本当に正しいとか不正であるということを十分には証明しない、と。

しかし多くの哲学者たちは右のことを完全に認める――つまり彼らは、われわれが「正」および「不正」という語によって表示する述語は、なにかある存在者の感情とか思考とかまたは意志となんらかの関係を持つことにあるのではない、ということを認める。そして、彼らはさらにこのこと以上に進んで、ある行為が正または不正であるかどうかという問いは、ある意味ではそれの諸帰結にのみ依存するということ、すなわちその意味ではいかなる行為も、行為者がより善い全体的帰結を持ったであろうと思われる何か他のものを為すことができたのであれば正しくはありえない、ということを認める。しかし彼らはこのことのすべてを認めているのに、それにもかかわらず、一群の諸結果の方が別のそれよりもっと善いと呼ぶことは、一方のものは、他方のものがかかわっていない仕方である人または人びとにかかわっていると言うことと同じことである、と主張する。言いかえれば、彼らは、ある行為を正または不正と呼ぶことはなんらかの特定の心的態度がその行為に対して取られると主張することだけではない、ということを認めているのに、あるものを「善」とか「悪」と呼ぶことは右のことを主張することだけである、と考えている。そしてもちろん、いかなる行為もそれの全結果ができるだけ善いのでなければ決して正しくはありえない、ということが真であれば、そのときには「善」および「悪」という語の意味に関するこの見解は、それに対応する見解が「正」および「不正」という語の意味に関して取られる場合と同様に有効に、われわれがこの章で考察している原理と矛盾する。というのは、一群の諸結果Aが別のそれBよりもっと善いと言うことで、われわれがAはBが持たなかったある人または人びとへの関係を持つということだけを意味するのであれば、Aに正確に類似した一群の諸結果は、それがどんな人に対しても必要な関係をたまたま持たないときには、Bに正確に類似した一群の諸結果より善くはないであろう、ということになるだろうからである。かくして、ある場合またはある宇宙において、Aの方をBよりも選ぶということがたとえ正しいとしても、それでもなお別の場合または別の宇宙において、Aに正確に類似した一群の諸結果の方をBに正確に類似した一群の諸結果よりも選ぶということは、多分正しくないであろう。

この理由で、「善」および「悪」という語の意味は、ある存在者がそのように呼ばれたものに対してなんらかの心的態度をとったということにすぎないという見解は、われわれが考察しているところの原理に対する致命的反論をなすであろう。なるほど、この見解がそのような反論をなすのはただ、最善の可能的全結果を持つところのことを為すことは常に正しくなければならぬ、ということをわれわれが認めるときにだけであろう。しかし、このことは自明であると取られるかもしれないし、しかも「善」および「悪」の意味に関してこの見解をとる多くの人は、事実そうであるということを認めがちである、と思う。それゆえ、われわれの原理に対するこの新しい反論を考察することが重要になる。

あるものを「善」とか「悪」と呼ぶことによってわれわれが意味しているのは、ある存在者または諸存在者がそのものに対してある種の心的態度をとる、ということにすぎないというこの見解は、「正」および「不正」に関してそれに対応する見解よりももっと普通に抱かれてきたのである。そしてこの見解はそれと同数のいろいろの形式で考えられうる。かくして、あるものが「善」であると言うことは、誰かがそれを善いと考えるということと同じことだと取られうる――これは「正」および「不正」について、それに対応する見解の場合に用いられたのと同じ一般的議論によって論駁されうるのである。さらに、各人があるものを「善」または「悪」と呼ぶときにはただ、彼自身そのものがそうであると考えているか、あるいはそのものに対して或る感情を抱いているということを意味するだけだと取られうるであろう。これは、正および不正の場合におけるように、あるものが善または悪であるかどうかに関して意見を異にしうるような二人はいない、ということが帰結するであろう見解である。さらにまた、この見解が取られうる諸形式の大部分において、確かにまったく同一のものが善および悪の両者でありうるということになるであろう。なぜなら、われわれがどんな一対の心的態度または単一の心的態度をとるにしても、いろいろの人が同一のものに対して異なった心的態度を持つことも時にはあるであろうということは、正および不正の場合におけると同じように、ここでも確かであるようにみえるからである。しかしながらこのことは当然、特に注意されるべきひとつの特定の心的態度の場合に、非常にしばしば論駁されてきた。

「善」および「悪」の意味に関して取られてきた諸見解と、「正」および「不正」の意味に関して取られてきた諸見解との間に在る主な相違のひとつは、前者の場合われわれがあるものを「善」と呼ぶことによって意味しているのは、それが欲求されているとか、なんらかの特定の仕方で欲求されているということであると非常にしばしば考えられてきた、ということである。そしてこの「欲求」という態度は私の知るかぎり、ある行為を「正」と呼ぶことはその行為が欲求されていると言うことと同じことである、と誰ひとりこれまで考えた者はいなかったのであるから、私が「正」および「不正」の場合にはなんら注意しなかったところの態度である。しかし、「善」という語の意味に関するすべての見解のなかでもっとも普通のものは、あるものを善いと呼ぶことはそれが欲求されているとか、それ自身のために欲求されていると言うことである、という見解である。そして実に奇妙なことにこの見解は、この書の最初の二つの章で述べられたほかならぬ理論を支持する議論として用いられてきたのであって、その理由は、誰ひとり快（または彼自身の快）以外のいかなるものも決して欲求（またはそれ自身のために欲求）しはしないということ、そしてそれゆえ「善」は「欲求された」を意味するのであるから、より多くの快を含むどんな一群の諸結果も常に、より少ない快しか含まない一群の諸結果よりも善くなければならぬということであった。もちろん、誰も快以外の何ものをも欲しはしないということがたとえ真であるとしても、この議論が想定しているように、より多くの快を含む全体が常により少ない快しか含まない全体より善くなければならぬ、ということには実際にはならないであろう。逆に、その反対のことになるであろう。なぜなら、なんらかの存在者が快以外のなにかあるものをたまたま欲求したのであれば（そしてわれわれは誰かがそのようなものを欲求するかもしれないということを容易に認めうる）、そのときにはより多くの快を含む全体は必ずしもより少ない快しか含まない全体よりも多分善くはありえない、ということになるからである。しかしいまや、人間が快以外の何ものをも欲求しないとか、彼らは他のどんなものをもそのもの自身のために欲求しはしないとすら想定することは、完全な誤りであるということが一般に認められている。そして、それがそうであるかないかは別にしても、その問題はわれわれの現在の目的には無関係であり、われわれの目的はともかく、あるものを「善」と呼ぶことは、ただそのものが欲求されているとか、それ自身のために欲求されていると言うことと同じことではないのであり、しかも、他のなんらかの心的態度がそのものに対して取られるということでもないということを示すための、或る全く一般的議論を見出すことなのである。このことを示すためにわれわれはどんな議論を見出しうるのか。

ひとつの点がまず最初に注意深く指摘されるべきである。すなわちそれは、われわれがあるものを「善」と呼ぶとき、われわれはたんに誰かがそれに対してなんらかの心的態度を持っていると決して考えているのではない、ということを示す必要はないということである。「善」という語は曖昧であると考える——多くの理由から、われわれはその語をいろいろの場合にいろいろの意味で使う、と考える。そしてもしそうであれば、その語の用法のあるものにおいてそれはただ、誰かが「善」と呼ばれたものに対してなんらかの感情、またはなにか他の心的態度を持つという主張を表わしているにすぎないであろう、もっとも、その語の他の用法においてはそのようなことはないけれども、ということは全くありうるのである。それゆえ、われわれはその語が時にはたんにこのことを表わさないこともある、ということを示そうとは思わない。われわれが示さねばならぬことは結局、その語は時にはこのことを表わさないということだけである。というのは、われわれが為すべきことは次の議論に対処することだけだからである。すなわち、もしわれわれが「より悪い一群の全帰結の方をより善い一群の全帰結よりも選ぶことは、常に不正となるであろう」と主張すれば、われわれはこの命題において「より悪い」および「より善い」によってただ、一種の心的態度がそれに対して取られる諸結果のみを意味しなければならぬ、という議論である、――これは、たとえ一群の諸帰結Aが一群の諸帰結Bよりもかつてより善かったとしても、Aに正確に類似する一群のものが必ずしも必然的にBに正確に類似する一群のものより善くなるとは限らない、という帰結を生ずるであろう結論である。そして明らかにわれわれが為すべきことのすべて、つまり右のことを示すことは、「より善い」および「より悪い」という語に、右のこととは全く別のなんらかの意味を与えうるということを示すことだけである。あるいは言葉をかえれば、あるものを「善」と呼ぶことは、ある心的態度がそのものに対して取られるということのみを必ずしも意味しない、ということを示すことだけである。

したがって、問題を明確にするためには、はっきりとは右のことを意味していないようにみえる、その語のひとつの特定の用法に注意を集中することが最善であろう。そこで私は、われわれが第二章で「内在的価値」と呼ばれたところのものについての判断を、その中でおこなった用法を一例として挙げようと思う。すなわち、ある特定の事態に関して、その事態はたとえ他のいかなるものも別のようには存在しないとしても、同時にまたはその後に存在するということは価値あることであろう――「善いもの」であろうとわれわれが判断する場合を一例として挙げてみよう。もちろんわれわれは、諸事物の善さに関する他のなんらかの判断をおこなうのと同じように、絶えずこの種の判断をおこなうのではない。しかし、確かにわれわれはそれらの判断をおこないうるし、そしてわれわれが何かあることをそれらの判断によって意味しうるのは、全く明らかなようにみえる。われわれはなんらかの特定の事態に関して、その事態が存在するということは、たとえその宇宙以外では絶対に他のどんなものもないとしても、価値あることであるかどうか、つまり、たとえばこの宇宙が、それが現在まで存在したように存在するということは、たとえ絶対になにひとつ結果を導かず、それの存在が現在の瞬間で急に終りを告げるとしても、価値あることであるかどうかを考察しうる。すなわち、われわれはかかる宇宙の存在は無よりも善かったかどうか、あるいは全く何物もかつて存在しなかったということが宇宙の存在とちょうど同じように善かったかどうか、を考察しうるのである。このような諸判断の場合には、われわれはたんに当の事態に対するわれわれ自身の心的態度についてか、それとも誰か他の人の心的態度についてか、のいずれかを主張しているだけではないと考えるためのもっともな諸理由があるように、私には思われる。そしてこのひとつの事例においてわれわれが右のことを示しうるならば、われわれの目的はそれで十分である。

では、そうだとみなすための諸理由は何であるのか。

私が考えるのは、われわれは二つの異なった事例を、それについてわれわれが主張していると想定される心的態度の種類に従って区別すべきである、ということである。

われわれの主張しているところのことが、当の事態はわれわれまたは誰か他の人がその観念を喜んでいるところの事態であるとか、あるいは欲求されまたはそれ自身のために欲求されており、そうされるであろうという事態にすぎないと考えられるならば(そしてこれらのことは極く普通に考えられているようにみえる見解である)、以下の議論はこの型のすべての見解に対して決定的である、と私には思われる。すなわち、確かに人は一定の事物または事態に関して、それについての観念は誰かを喜ばせるし、欲求されており、そしてそれ自身のために欲求されてもいると信じうるのではあるが、しかもなおその観念が全くそれだけで存在したとすれば、それが存在することは全く価値あるものであるとは信じないのである。彼はその観念が欲求され、しかもそれ自身のために彼自身によってすら強く欲求されているという事実にもかかわらず、その観念が全くそれだけで存在するということは積極的に悪いことに――無よりもっと悪くなるであろうと信ずることとさえありうるであろう。ある人たちはかかる判断をおこないうるしおこなってもいるということ――彼らは、彼ら自身が欲求したり喜んでいる種々のことは、それにもかかわらず内在的に悪い（すなわちそれらのものの帰結とは全く無関係に、しかもそれらのものが全くそれだけで存在したとしても悪となるであろう）、ということは否定しえない、と私は思う。そして確かに人びとはこの判断を、他者たちによって欲求されている諸事物に関してはるかにしばしばおこなっているのである。そして事実そうであれば、右のことは、あるものが内在的に善いと判断することは、誰かある人がそのものを喜んだり、欲したり、またはそれ自身のために欲したりすると判断することと同じことではない、ということを決定的に示すのである。もちろん、かかる判断をおこなう人は誰でも誤っている、つまり事実上欲求されるものがどんなものであれそれは常に内在的に善い、と考えられるかもしれない。しかしそれは問題ではない。さしあたりわれわれは、このことが事実上そのとおりでありうるということになんら反論しているのではない。われわれが示そうと試みていることは結局、たとえ事実そうであるとしてもなお、或るものが内在的に善いと言うことは、それが欲求されていると言うことと同じことではない、ということであり、そしてこのことは、もしただひとつの事例において人があるものが欲求されていると信じ、しかもなおそれは内在的に善いとは信じないならば、絶対に帰結する。

しかし私は、この議論は右の見解がそれにおいて取られたかもしれないすべての形式に反対する議論として成り立つであろう、ということには自信が持てない、もっとも、この議論はその見解がもっとも普通に取られる諸形式に反対する議論としては成り立つのであるが。いろいろの感情があって、それらが一定の事物に対して感じられていると信ずることは、そのものが内在的に善いと信ずることと同じであると考えることの方が、たんなる快の感情とか欲求とかまたはあるものを「それ自身のために」欲求することに関して右のことを考えるよりも、それに関してははるかにもっともらしいと私は思う。たとえば、実際になにか非常に特殊な感情があって、それは、誰かある人が彼自身または誰か他の人が実際になんらかの事態に対してその感情を感ずるということを知っているのであれば、当の事態は内在的に善い性質をもつものであるということは、私の知りうるかぎり真である。事実そうであれば、すぐ前の議論は、われわれがあるものを内在的に善いと呼ぶときわれわれの意味しうるのはただ、この特殊感情がそのものに対して感じられているということだけである、という見解に反対の議論として成り立たないであろう。そしてかりにそのような見解が取られたとすれば、何かそのような見解に反対するところの、私の発見しうる唯一の明白な議論は、たとえ当の特殊感情がその一定の事態に対して誰かによって感じられなかったとしてもなお、その事態は内在的に善であったであろうということは、確かに明らかであるというものである。

しかし、この議論の力を完全に明らかにするためには、非常にしばしばおこなわれており、しかもわれわれが現在議論している全問題を曖昧にしがちな、ひとつの誤解を警戒する必要がある。言いかえれば、われわれはいまもし誰もあるものに対してなんらの感情を抱かなかったとすればどんなものもなんら善ではないであろう、と主張しているのではない。また、その語のひとつの意味において善であるところの、しかもなお誰もがそれらに対してなんらの感情をも抱かなかったとしたら、なんら善ではないであろうと思われるところのものは多くない、とわれわれは主張しているのではない。逆に、ごく普通に考えられているこの二つの命題はともに、私には完全に真であるようにみえる。思うに、どんな全体も、それがそれ自身の一部としての何かあるものに対してなんらの感情をも含んでいないのであれば内在的に善ではありえない、ということは真であろうし、また「善」という語の非常に重要な意味において（私がそれに「内在的善」という名称を与えた意味においてではないが）善である多くのものは、誰もがそれらのものに対してなんらの感情をも抱かなかったとすれば善ではない、ということも真であろう。それゆえわれわれは、これらのことがその通りであるかどうかという問いを、われわれがいま議論している問いからはっきり区別せねばならない。われわれがいま議論している問いとは、かりにいかなるものも、それが或る感情を含んでいなければ内在的に善ではありえないとしてもかく善であり、しかもこの感情を含んでいるところのものは、誰かがそのものに対して別の感情を抱く必要がなくても善であるということはありえないかどうか、ということだけである。その点は快という事例を取り上げることで簡単に説明されるであろう。いまさし当って、いかなるものも、それがなんらかの快を含んでいなければ内在的に善でありえない、と想定しよう。そして苦よりも快の方をより多く含むあらゆる全体は内在的に善い、と想定しよう。われわれがいま議論している問いは、事実そうであると想定すると苦よりも快の方をより多く含むどんな全体も、それに対して誰もそれ以上のなんらの感情を抱かなかったとしても善であるということはないであろうか、ということだけである。この全体はそういう場合でも善であろう、ということは全く明らかであるように思われる。しかしもしそうであれば、ある事態が内在的に善であるということは、たとえどんな事態もそれが何かあるものに対してなんらかの感情を含んでいなければ内在的に善ではありえないとしても、誰かがその事態に対してなんらかの種類の感情を抱くと言うことと決して同じではありえない。

しかし結局、あるものを「善」と呼ぶことが、なんらかの心的態度がそれに対して取られるということと同じことである、と主張するいかなる見解にも反対するもっとも有力な議論は、「正」および「不正」に関する二つの命題が自明であるということに尽きないのかどうか、を私は知らない。その二つの命題とはすなわち、（一）ひとつの行為の全結果がAであり別の行為の全結果がBであろう、ということを知っていたなんらかの存在者の義務が、Bを生みだす行為よりもむしろAを生みだす行為を選ぶことであるようなことが一たびあれば、二つの行為のうち一方の行為がAに正確に類似する全結果をもち、他方の行為がBに正確に類似する全結果を持つであろうとわかっていたところの、その二つの行為のいずれかを選ばねばならぬどんな存在者の義務も常に、後者よりもむしろ前者を選ぶことでなければならぬという命題、および（二）二つの行為のうち、一方の行為が他方の行為よりもより善い全結果をもつであろうとわかっていたところの、その二つの行為のいずれかを選ばねばならぬどんな存在者の義務も常に、前者を選ぶことでなければならぬという命題がそれである。この二つの命題を一緒にすると間違いなく次のようになる。すなわち、一群の全結果Aが一たび別の一群の全結果Bよりもより善いのであれば、Aに正確に類似するどんな一群の全結果も常に、Bに正確に類似するどんな一群の全結果よりも善くあらねばならぬ、ということになる。そしてもしそうであれば、「より善い」および「より悪い」はなんらかの心的態度に対してなんの関係をも表わしえない。なぜなら、もし一定の態度が一たびAおよびBに対して取られれば、同じ態度が常に心然的にAおよびBに正確に類似する全体のどんな対《つい》のものに対しても取られるであろうからである。

第五章　正・不正の吟味の結論

前章でわれわれは、最初の二つの章で述べられた理論によって仮定されたひとつの非常に基本的な原理に対する諸反論を考察し始めた。その原理は次の二つの命題、すなわち（一）ある行為が正または不正であるかどうかという問いは常にその行為の全帰結に依存する。そして（二）一群の全帰結Aを選ぶことの方が、別の一群の全帰結Bを選ぶことよりも一たび正しければ、Aに正確に類似するなんらかの一群の帰結を選ぶことの方が、別のBに正確に類似するなんらかの一群の帰結を選ぶことよりも正しくなければならぬ、という命題に要約されよう。前章でわれわれが考察したこの原理に対する諸反論は、「正」および「善」という語の意味に関するある種の見解に基づいていた。しかし、たとえわれわれがそれらの見解を拒否するとしても、相変らずこの原理に反対して力説されうるいくつかの他の全く独立した反論がある。言いかえれば、私が前章で確立しようとしていた二つの命題、すなわち（一）ある行為を「正」とか「不正」と呼ぶことは、いかなる存在者であれこの行為に対してなんらかの心的態度をとるということと同じことではない、という命題、および（二）なんらかの一定の全体が一たび内在的に善または悪であれば、その全体に正確に類似するどんな全体も常に正確に程度を同じくして内在的に善または悪でなければならぬ、という命題の両者を受け入れる人びとによって、右の原理に反対して力説されうるし、力説されもしたいろいろの反論がある。そこで私はこの章で、残されているこれらの反論のなかでもっとも重要なものと私に思われるものを、簡潔に考察したいのである。

それらの反論のすべては、正および不正は常に行為の現実的諸帰結または諸結果に依存するという見解に対して向けられている。この見解はいくつかの異なった理由によって否定される。そして私はこれらの理由のなかで主要なものを公平に述べ、なぜそれらの理由が決定的であるとはみえないのかを指摘しようと思う。

まず第一に、正および不正は諸帰結に依存するという原理を設定することによってわれわれは、義務であるところのものとたんに便宜的であるところのものとの区別、および不正であるところのものとたんに便宜的でないところのものとの区別を取除こうとしている、と言われてよいであろう。確かに人びとはふつう義務と便宜とを区別する。そしてある行為を「便宜的」と呼ぶ意味はまさに、それがその状況のもとでは可能な最善の諸帰結を生みだすであろうと言うことである、と言われてよいであろう。それゆえ、もしわれわれがまた、ある行為が可能な最善の諸帰結を生む時にはいつでも、しかもその時にのみそれが義務であると言う場合、義務を便宜から区別する何物も残っていないようにみえる。

さて、この反論に反対するものとしてまず第一に、ある行為を便宜的と呼ぶことは、それが可能な最善の諸帰結を生みだすと言うことと同じであるということをたとえわれわれが容認するとしても、われわれの原理はなお、ある行為を便宜的と呼ぶことがそれを義務と呼ぶことと同じことであると無理に考えさせはしない、ということを指摘することが大切である。その原理が無理に考えさせることは結局、便宜的であるものはどんなものでも常にまた義務であるということであり、しかも義務であるものはどんなものでも常にまた便宜的であるということなのである。言いかえれば、その原理は義務と便宜とは合致すると主張しているのではあるが、その二つの語の意味が同じものであると主張しているのではない。実際、その二つの語の意味が同じものでないということは、まったく明らかだと思う。というのは、かりにその意味が同じものであれば、可能な最善の諸帰結をもつであろうところのものを為すことが常に、われわれの義務であろうと言うことは、全く同語反復となるだろうからである。それゆえ、われわれの理論は「義務」と「便宜」という語の意味の区別を取除こうとするのではない。つまりその理論はただ、両者が常に同じ行為に適用されるであろう、と主張するだけである。

しかし、確かにその反論を力説する多くの人によって意味されているのは、右のことを否定することである。彼らが言おうとしているのは、ある行為を便宜的と呼ぶことがその行為を義務と呼ぶこととは違ったことである、ということだけではなく、ときには便宜的であるところのものが不正であり、義務であるところのものが便宜的でない、ということでもある。これは疑いもなくしばしば抱かれている見解である。人はしばしば義務と便宜との間に実際の撞着がたびたびあるかのように話している。しかし、かかる撞着が存在すると普通考えられているような事例の多くは、思うに、われわれがある行為を「便宜的」と呼ぶとき、その行為の全帰結は絶対にあらゆるものを考慮しても可能な最善の帰結であるということを必ずしも断固として意味しているのではない、と想定することによって明らかにされるであろう。われわれが常にこのことを意味しているということは決して明らかではない。おそらくわれわれは、時にはその行為がある特定の目的にとって便宜的である、また時には行為者のために便宜的である、もっとも全体からみるとそうではないけれども、ということだけを意味することもあるであろう。しかし、われわれがこのことを意味するだけであればもちろん、われわれの理論は便宜的なものは常に義務であるし、義務は常に便宜的であるということをわれわれに無理に主張させはしない。その理論が右のことをわれわれに無理に主張させるのはただ、「便宜的」がもっとも厳密でもっとも完全な意味において理解されるときにだけ、すなわち、その帰結の絶対にすべてが考慮されるとき、それらの帰結が可能な最善の帰結であると気づかれるであろう、ということを意味するものと解されるときにだけである。そしてかりにこのことが明晰に理解されるならば、思うに、たいていの人びとは、われわれの義務を為すことが実際には便宜的でない時もありうるということ、またはこの厳密な意味において実際にかつ真に便宜的であるところのものが不正でもありうる、ということをいやいやながら認めるであろう。

しかし確かにある人びとは依然として、可能な最善の諸帰結をもたないであろうと思われる行為を為すことが、時にはわれわれの義務であるか、またはありうることもあるし、そして時には、可能な最善の諸帰結をもつであろうと思われる行為を為すことが、積極的に不正であるかまたはありうることもある、と主張するかもしれない。そしてこのことが考えられる主な理由は以下のようである、と私は思う。

事実、絶対常に正しいところのある特別の種類の行為があり、そして絶対常に不正であるところの別の種類の行為がある、とごく普通に考えられている。実際、正確にどんな種類の行為がこの性格をもっているかに関して、いろいろの人がいろいろの見解を取っている。絶対に例外のない規則として一群の人びとによって提示される規則は、明らかに例外を許容するとして他の一群の人びとによって拒否されるであろう。しかし後者の人びとは一般に今度は彼らもまた、自分たちが述べることのできる何か他の規則は本当に例外がない、と主張するであろう。かくしてなんらかの規則（そして一般にひとつ以上の）が絶対常に遵守されるべきであるということに同意すると思われる人びとは、非常にたくさんいる。もっとも、このことを主張する人びとのすべてが同意するであろう規則は多分ただのひとつもないのではあるが。かくして例えば、ある人びとは、殺人（ある特定の仕方で定義された）は絶対に決して犯されるべきでない行為であるとか、あるいは正しく行為することは絶対常に遵守されるべき規則である、と主張するかもしれない。そして同様に他の多くの種類の行為に関して、それらは為すことが常にわれわれの義務であるか、または常に不正である行為であるということが示唆されるかもしれない。

しかし、われわれがひとたびこの種のなんらかの規則に関して、その規則を遵守することが絶対常にわれわれの義務であると主張すれば、さらに一歩を進めて、その規則を遵守することはその諸帰結がいかなるものであっても常にわれわれの義務となるであろう、と言うことは容易であり当然でもある。もちろん、これ以上の一歩は、事実絶対常に為さるべきであったり避けられるべきであるところのなんらかの種類の行為がある、というそれだけの立場からは、必然的にも論理的にも出てこないのである。というのは、事実上絶対常に可能な最善の諸帰結を生みだすある種の行為があり、そして絶対にそのような帰結を生みださない他の種の行為がある、ということがまさに可能だからである。そして第一の立場をとる人びとの間には、事実上、事実そうであると考える強い傾向、すなわち正しい行為は常に事実上可能な最善の諸結果を生み、不正な行為は決してそれらの結果を生まないと考える強い傾向がある。かくして「正義は常におこなわれるべきである、たとえ天国が崩れようとも」という格言に同意する人びとですら一般に、事実正義は決して天国を崩す原因とはならず、むしろ常に天国を支える最善の手段であろうということを信じようとするのである。そして同様に「汝善を来たらさんがために決して悪を為すなかれ」という人びとは、その格言が善を為すことから生まれるときもあるであろうということを含意するようにみえるにしてもなお、悪を為すことによって諸君はこれまで、諸君がその代りに正しく行為したときよりも概してより善い帰結を本当に生みだしたであろう、ということを認めることは非常に気がすすまないであろう。あるいはまた、「目的は決して手段を正当化するものではない」と言う人びとは確かに、ある行為の仕方はどんな好都合なものがそれらによって保証されるにしても常に不正となるであろう、ということを含意するにしてもなお、われわれが各々の進路の帰結を間違いなくすべて考慮すれば、不正に行為することによって獲得される好都合なものが、これまで正しく行為することによって獲得されるところのものより実際に優っている、ということを否定しがちであると思う。

それゆえ、ある特殊な行為の仕方は絶対常に正しく、他の仕方は絶対常に不正であると考える人びとは、前者はまた事実上絶対常に最善の結果を生み後者は決して生まない、と一般に考えていると思う。しかし第三章の最初で挙げられた諸理由で、この信念が正当化されうるなどとは到底考えられない、と思う。ある行為の全結果は常にたんにその行為に特有の性質に左右されるだけでなく、それが為される周囲の状況にも左右されるのである。状況というものは非常に大きく変化するので、特定のどんな種類の行為が絶対にどんな状況の下でも絶対常に可能な最善の諸結果を生むということは、たいていの場合まずありそうもないし、生まないということもまたそうである。この理由で、われわれが正および不正は諸帰結に依存するという見解を取るなら、われわれは、特定のどんな種類の行為でもそれは絶対常に正しいとか、絶対常に不正であるとかいうことを疑おうとしなければならない、と思う。たとえば、われわれがどのように「殺人」を定義するにしても、殺人を犯すことが正しいような事例は絶対に起らないであろう、ということはありそうもない。そしてわれわれがどのように「正義」を定義するにしても、不正なことを為すのが正しいというような事例は決して起らないであろう、ということはありそうにもないのである。確かに数えきれないいほど多くの事例において、それを遂行することが正しかったり不正であったりするということが真であるところの行為を定義することは可能であるかもしれない。そして多分この種の規則がいくつか見出され、それには実際どんな例外もないのである。しかし通例の道徳的規則のたいていの場合には、それらの規則に従うことが絶対常に可能な最善の諸結果を生みだすなどとは到底考えられないようである。そしてこのことを了解するたいていの人びとは、それらの規則は絶対常に遵守されるべきであるという見解を放棄したい気になるであろう、と思う。彼らはそれらの規則を絶対に普遍的であると主張することなしに、ごく僅かの例外しかない一般的規則として受け入れることで満足するであろう。

しかし、確かになんらかの特定の規則または一群の諸規則の場合には、たとえその規則に従うことがある場合には可能な最善の諸帰結を生みださないとしてもなお、われわれはこれらの場合ですらその規則を遵守すべきである、と考えるような人びとがいるであろう。彼らは実際或る種の規則を知っており、それらの規則はその帰結がどんなものであり、そしてそれゆえその全帰結が可能な最善のものでないとしても、絶対常に遵守されるべきであるというように、彼らにはみえるかもしれない。たとえば、彼らは全く本気で、正義はたとえ天国が崩れようとも為さるべきであるという主張を、正義の行為を行なった帰結がある状況においてはいかに悪かろうとも、なお常にその行為をなすことがわれわれの義務となるであろう、という意味と考えるかもしれない。そしてかかる見解は必然的にわれわれの原理と矛盾する。なぜなら、正義の行為が今まで現実に可能な最善の諸帰結をこの世で生みだしえたということが真であろうとなかろうと、その行為が可能な最善の諸帰結を生みだすと思われる状況を想像することは確かに可能なのである。ある道徳的規則の絶対的普遍性を信ずる人びとは一般に、かくのごとくその規則に従わないことが今まで可能な最善の諸帰結を生みだしえたかどうかという問いと、かりに生みだしえたとすれば規則に従わないことが不正となるかどうかという問いとを、至極はっきりと区別するかどうかは、疑わしい。彼らは一般に、その規則に従わないと実際には可能な最善の諸帰結を決して生みだしえない、と主張したいようである。しかしある人びとは、たとえそうであるとしてもなお規則に従わないことは不正となるであろう、と多分考えるかもしれない。そしてもしこの見解がまったく明晰に抱かれれば、私の知るかぎり、次の原理の自明さに訴えることなしに、右の見解を論駁する方法は絶対にない。その原理とはすなわち、一定の行為の結果が、実際にわれわれが別の仕方で行為したとすれば世界を悪くしたであろうよりも概して一層悪くするであろう、ということをわれわれが知っていたとすれば、われわれがその行為を行なうことは確かに不正となるであろう、というものである。ある種の規則は、その帰結がどんなものであれ絶対常に遵守されるべきであると言う人びとは、論理的にはこのことを否定するはずである。というのは、「その帰結がどんなものであれ」ということによって彼らは、「たとえその世界が全体としてわれわれの行為のゆえにそれだけ悪くなるとしても」を含意するからである。かりにわれわれが、別の仕方で行為した場合よりも概してその世界を実際にかつ真により悪くすると思われる行為を知りつつ行なうことは、常に不正とならねばならぬということは自明である、と私には思われる。そしてもしこのことが容認されるならば、それは絶対に次の見解、すなわちなんらかの種類の行為があって、それを行なったり避けたりすることが、その帰結がどんなものであるとしても常にわれわれの義務であろう、という見解を取り除くであろう。

この理由で、正および不正は常に諸帰結に依存するという見解に対する他でもないこの反論、すなわち、絶対常にかつ全く無条件に為されるべきであったり避けられるべきである或る種の行為があるという反論を、しりぞけねばならぬように私には思われる。しかし依然として他の二つの反論が残っており、それらは極く普通に主張されているので、それらを考察することは価値あることである。

第一のものは、正および不正はその行為の本性に依存するのでもなければ、それの諸帰結に依存するのでもなく、それが為される動機または諸動機に部分的にまたは完全に依存するという反論である。正および不正は部分的には諸動機に依存するという見解によって私が言おうとする見解は、いかなる行為もそれが何かひとつの動機、または善いであろうと想定される一群の諸動機のあるひとつから為されたものでなければ実際には正しくありえないが、しかし、かかる動機から為されるということはそれだけでひとつの行為を正しいとするには不十分である、つまりその行為は正しければ常にまた可能な最善の諸帰結を生みだすか、あるいは他のなんらかの特徴によって区別されねばならぬ、という見解である。そしてそれゆえこの見解は、いかなる行為もそれが可能な最善の諸帰結を生みださないならば正しくはありえないと主張するかぎり、われわれの原理と必ずしも矛盾するものではないであろう。すなわちこの見解はただ、それらの帰結を生むあらゆる行為は正しいと主張するわれわれの原理の一部と矛盾するだけである。しかし正および不正は完全に動機に依存する、言いかえれば、いかなる行為もそれが善い動機から為されるのでないならば正しくないだけでなく、あるひとつの動機または一群の諸動機のあるひとつのものから為されているどんな行為も、それの諸帰結がいかなるものであれ、かつその行為が他のいくつかの点でどんなものに似ているとしても常にまた正しい、という見解も時には抱かれてきた、と思う。そしてこの見解はもちろん、われわれの原理の両方の部分と矛盾するであろう。というのは、その見解は可能な最善の諸帰結を生むある行為が不正であるかもしれないということを含意するだけでなく、ある行為はそのような諸帰結を生みださないにもかかわらず、正しいかもしれないということをも含意するからである。

これら二つの見解を支持してわれわれが道徳的判断をおこなうとき、われわれは現実に動機を考慮したり考慮すべきであるということが主張されるかもしれない。そして実際人びとが動機に重要性を付け加えようとし始め、彼らを賞賛したり非難するとき、為された行為の「外的」性質によって、またはそれの諸帰結によってもっぱら左右されるのではないとき、そのことは道徳の大いなる向上を示す、と主張されるかもしれない。そしてこのことはすべて完全に容認されるであろう。人が善い動機から行なって悪い諸帰結をもつ行為をなすとき、われわれは彼を、悪い動機から行なわれる同様の行為をなす人と違ったように判断する傾向があるということ、そしてまた、人が悪い動機から行なって善い諸帰結をもつ行為をなすとき、それにもかかわらず、われわれは、そのことのために彼を悪く考えるかもしれないということは全く確かである。そして少なくともある場合には、人の動機がかくの如くわれわれの判断に影響するということがまったく正しい、と認められるかもしれない。しかし問題は、それらの動機が影響を及ぼすどんな種類の道徳的判断がまったく正しいのであろうか、そして、その種の判断は当の行為が正または不正であるかどうかに関するわれわれの見解に影響を及ぼすであろうか、である。概して、その種の道徳的判断は他ならぬこの点で、われわれの判断に実際に影響を及ぼすかどうかは極めて疑わしい。というのは、われわれは人がある時にはいろいろの動機のうち最善のものから不正に行為することもある、と判断することに全く慣れているからである。そしてわれわれは善い動機がなんらかの弁明をつくり上げるということ、および全事態は彼が悪い動機から同じことを為したとするときよりも善いということを容認するとしても、なおそれは、行為が不正であるということをわれわれに否定させはしないのである。それゆえ、動機を考慮することが実際に影響を及ぼす道徳的判断の種類は、その動機からなされた行為が正または不正であるかどうかに関する諸判断から成るのではなく、なんらかの異なった種類の道徳的判断である、と考えるべき理由がある。しかも依然として、動機によって影響を受けるべきところのものはなんらかの異なった種類の判断だけである、と考えるそれ以上の理由がある。

実は、行為の正しさおよび不正さに関する判断は、われわれがおこなう道徳的諸判断のうち唯一の種類のものでは決してないのである。そして、正および不正の判断がいままで動機に依存すると考えられていたのは、もっぱらこれらの他の判断のあるものが正および不正の判断と混同されているからである、と思う。この場合に主としてかかわる他の三種類の判断がある。まず第一に、ある動機は内在的に善く、他の動機は内在的に悪いと考えられるかもしれない。そしてこれは、本書の最初の二つの章の理論と矛盾する見解ではあるが、それはわれわれが現在論駁しようと気を遣っている見解ではない。というのは、その見解はわれわれが現在考察している原理——すなわち、正および不正は常にもっぱら諸帰結に依存するということと毫も矛盾してはいないからである。われわれがこの見解を取るとしてもなお、人は善い動機から不正に行為したり、悪い動機から正しく行為したりすると、しかも動機は行為の正しさまたは不正さになんら影響を及ぼさないであろうと、われわれは考えうるであろう。動機が影響を及ぼすと思われるところのものは全事態の善さまたは悪さなのである。というのは、もしわれわれが同一の行為を或る場合には善い動機から、他の場合には悪い動機から為されたと想定すれば、そのときには、その行為の諸帰結に関するかぎり全事態は同じになるであろうが、しかるに善い動機の存在は或る場合には、他の場合に欠如している付加的に善いものの存在を意味するだろうからである。それゆえ、この理由のためだけでわれわれは、動機は正および不正の判断に関連をもたないけれども、道徳的判断のいくつかの種類には関連をもつという見解を正当化しうるのである。

しかもこの見解に対しては別の理由があり、これは、本書の最初の二つの章の理論をとる人びとによってすら、多分終始一貫して抱かれている理由である。すなわち、善い動機は正しい行為を生む一般的傾向を常にそうとはかぎらないがもっており、悪い動機は不正な行為を生む一般的傾向をもつと考えられるであろう。そしてこれが、善い動機から為された正しい行為を、悪い動機から為された正しい行為とは別様に考察するとき、われわれを正当化すると思われるもうひとつの理由となるであろう。というのは、想定されたこのような場合には、悪い動機は現実に不正な行為へ至ったことはないであろうが、それでもなおその種の動機が一般に不正な行為に至るということが真であれば、われわれはこの判断をその行為に対して下すのが正しいであろう。そして動機が一般に不正な行為に至るような種類のものであるという趣旨の諸判断は、確かに或る種の道徳的判断であり、しかもそれらの判断は、かかる動機から為されたあらゆる行為が不正であるということを証明しはしないけれども、一種のしかも重要な種類の道徳的判断なのである。

そして最後に、動機というものは非常に重要な三つ目の種類の道徳的判断にもまた関連するように思われる――その判断とはすなわち、行為者が自分の為したように行為することに対して道徳的賞賛あるいは非難をうけるに値するのか、またどの程度うけるに値するのか、ということに関する判断である。何が道徳的賞賛または非難に値いするのかに関するこの問いは、何が正または不正であるかという問いとしばしば混同されている、と思う。一見したところ、ある行為を道徳的に賞賛に値すると呼ぶことは、それが正しいと言うことと同じことであり、そしてその行為が道徳的に非難に値すると呼ぶことは、それが不正であると言うことと同じことである、と想定するのは極めて当然である。それでもなお、ほんの僅かでも反省してみれば、その二つの事柄は確かに別個のことであるということが十分にわかる。われわれがある行為は賞賛または非難に値すると言うとき、その行為を賞賛または非難することは正しいということを含意している。言いかえれば、われわれは最初の行為の正しさについて判断しているのではなく、われわれがその行為を賞賛または非難したときには、われわれが行なうそれ以上の行為の正しさについて判断しているのである。そしてこの二つの判断は確かに同じものではない。つまり正しいものは常にまた賞賛されて然るべきであり、不正なものは常にまた非難されて然るべきである、と考えるなんの理由もないのである。したがって、動機はある行為が賞賛または非難に値するかどうかという問いに関係しているならば、動機はまた、ある行為が正または不正であるかどうかという問いにも関係している、ということは決してない。そして、動機は前者の判断に関係していると、すなわち実際われわれが時には悪い動機から為された行為の方を、それが善い動機から為されたときほど賞賛すべきではないし、善い動機から為された行為の方を、悪い動機から為されたときほど非難すべきではないと、考えるなんらかの理由がある。というのは、ある行為を非難することが正しいかどうかという問いがそれに依存する諸考察のうちのひとつは、われわれの非難が行為者に将来同じような不正な行為をさせない傾向があるであろうということ、そして明らかにその行為者が、将来自分を不正に導きそうにもない動機だけから不正に行為したのであれば、彼が自分をして再び不正に行為させそうであった動機から行為した場合ほどには、非難によって彼に思い止まらせようとする必要はない、ということだからである。このことがまさに、なぜわれわれはある人が善い動機から行為して不正をなす場合には、ときに彼をあまり非難すべきではないのかということの本当の理由である、と思う。しかし私は、人が道徳的賞賛または非難に値するかどうかという問いとか、彼がそれに値する程度とかは、完全にあるいは常に彼の動機に依存すると言うつもりはない。私は確かにそうではないと思う。

私の主眼点はただ、この問いはある程度動機に依存することもあるのに、一方彼の行為が正または不正であったかどうかという問いは、決してなんら動機には依存しないということにすぎない。

それゆえ、少なくとも三つの異なった種類の道徳的判断があり、それらのいずれかを行なうときには少なくとも、われわれはいろいろの動機を考慮すべきであると考えることはもっともなことである。そしてもしこれらの判断のすべてが、ある行為が正または不正であるかどうかという問いにだけ関係する特定の種類の判断から注意深く区別されるならば、右の最後の問いがまったく動機に依存すると想定するどんな理由もなくなる、と思う。いずれにせよ、動機がなんらかの道徳的判断において考慮されており、かつ考慮されるべきであるということだけでは、かかる理由となるものではない。それゆえこの事実は、正および不正はただ諸帰結に依存するだけであるという見解に対する反論として、主張されえないのである。

しかし、この見解に対するひとつの決定的反論がまだ残っており、それはすべての反論のなかでももっとも重大なものである、という気が私にはする。この反論とは、正および不正は行為の本性またはその動機のいずれにも依存しないと強く主張する人びと、およびもしなんらかの存在者が、ひとつの行為はそれとは別の行為よりも善い全体的帰結をもつと絶対に知っているのであれば、常に後者よりむしろ前者を選ぶことの方が彼の義務となるであろう、という仮言命題を自明なものとして容認しようとすらしている人びとによって、主張されるであろうところのものである。しかしかかる人びとによって指摘されるであろうと思われることは、この仮定的事例がわれわれ人間の間ではたとえ実現されるとしても極めてまれにしか実現されない、ということである。われわれは、自分たちに対して開いているいろいろの進路のなかでどれが最善の諸帰結を生むであろうかを知っているとしても、確かに知っていることはまずないであろう。われわれが決して予見できなかったと思われるなんらかの偶然の出来事とは常に、もっとも注意深い熟慮でさえも偽としうるし、われわれが最善の諸結果をもつであろうと考えるあらゆる理由をもつ或る行為に、別に選びえたなんらかの行為がもったであろうよりもっと悪い諸結果を現実にはもたせるのである。そこである人が、一定の進路が最善のものであろうとできるかぎり注意を払って確信し、その理由でその進路を採ったが、しかし彼が決して予見できなかった何らかのその後の出来事のためにその進路が最善のものでないことが判明する、と想定せよ。そのような理由のために、われわれは彼の行為が不正であったと言うであろうか。そのように言うことは無礼であると思われるであろう。しかも、われわれが正および不正は現実の諸帰結に依存すると考えようとするならば、このことこそわれわれの言わねばならぬことなのである。またはある人が、彼が最善の諸帰結を生まないであろうと想定するあらゆる理由をもつひとつの進路を慎重に選んだが、しかしなんらかの予見できない偶然事が彼の目的をくつがえし、その進路を現実には最善のものとなるように変える、と想定せよ。この予見できない偶然事のゆえに、そのような人が正しく行為したとわれわれは言うであろうか。このこともまた言えば無礼なことになると思われるであろう。しかも、もしわれわれが正および不正は現実の諸帰結に依存すると考えようとするならば、われわれは右のことを言わねばならない。これらの理由で多くの人びとは、正および不正は現実の諸帰結に依存するのではなくて、前もって蓋然的であったり、行為者が期待する理由をもっていたり、または彼が予見できたところの諸帰結に依存するだけである、としきりに考えたがる。彼らが言いたがっているのは、ある行為はその現実的諸帰結がいかなるものであれ、行為者がそれらの帰結は可能な最善のものとなるであろうと期待する理由をもっていたのであれば常に正しいということ、そして行為者がそうはならないであろうと期待する理由をもっていたのであれば常に不正となるであろう、ということである。

思うに、このことは正および不正が現実の諸帰結に依存するという見解に対するもっとも厳しい反論であろう。しかしながら私はこの反論ですら、一方では正しいものと不正なものとの、他方では道徳的に賞賛に値するものと非難に値するものとの間の区別を引合に出すことによって打ち勝てる、と思いたい。よくなるであろうと期待するに十分な理由があったのに、或る予期できない偶然事のために悪くなる行為を行なう人について、われわれが当然言うと思われることは、彼の行為は正しかったということではなくて、むしろ彼は非難されるべきでないということである。そしてそのような場合、彼は実際には非難されるべきでないということは、完全に容認されるであろう。なぜなら、非難はどんな善い目的にも決して役立ちえないであろうし、有害なものであるらしい。しかし、われわれが彼は非難されるべきでなかったということを容認するとしても、そのことは彼が正しく行為したとまた主張する理由になるのか。そうなるわけが私にはわからない。そしてそれゆえ、かかる場合のすべてにおいてその人は、彼が非難されるべきでないとはいえ、しかもたとえ彼の行なったように行為することで多分賞賛をうけるに値するとしても、実際には不正に行為したと私は考えたい。

しかし同じ異議が別の形式で提出されるかもしれないし、その形式には正および不正は現実の諸帰結に依存するという見解に反対する、もっと有力な事例があるようにみえるかもしれない。われわれはある行為がなされた後で、しかもその行為の諸結果の多くがすでに知られている時に、いかなる判断をそれに下すべきであるのかを考察するかわりに、われわれはその行為に先立って、しかもある人になお開いているいくつかの進路のなかでどれを選ぶべきか、ということが問題であるときに、その行為にどんな判断を下すべきであるのかを考察してみよう。彼はそれらの進路のどれが現実に最善の諸結果をもつことになるかをあらかじめはっきりとは知りえない、ということは認められるが、しかし彼は、それらの進路のひとつがどんな他のものよりも決定的に善い諸結果を生むであろう、と考えるあらゆる理由を持っている――十中八九この見解は支持される、と想定してみよう。かかる場合にわれわれは、彼は絶対にその進路を選ぶべきであると言いえないのか。彼が他のなんらかの進路を選べば極めて不正に行為することになるであろう、と言いえないのか。確かに、われわれは現実にはそのように言うであろう。そして多くの人びとは、たとえその諸結果がその後どんなふうになるとわかるにしても、われわれは右のように言うときには正しいであろう、と考えがちであるかもしれない。その反対のことを主張するとき、つまりかかる場合に彼は、最善のものとはならないであろうと自分が考えるあらゆる理由を持つ進路を選ぶべきであるということは、多分真でありうると主張するときには、ある種の逆説があるようにみえる。しかしながら、私はこの異議ですらわれわれの見解に対して致命的であるのではない、と考えたい。彼は自分が最善のものとなるであろうと思う理由をもつ進路を絶対に選ぶべきである、とわれわれが言い、しかもそのように言うことにおいて正当化されうるであろう、ということは容認されてよい。しかし、われわれが真であると知らず、しかも事実真でないところの多くのことを、もしそれらのことが大いにありうるならば、それらのことを言うことにおいてわれわれは正当化されるかもしれない。それゆえこの場合われわれは、彼がひとつの進路を選ぶべきだと言うことにおいて正当化されるべきであるのに、なお彼が選ぶべきであるということが実際には真でないかもしれぬと、なぜ考えるべきではないのか私にはわからない。確かに真となるであろうところのものは、彼が当の進路をたとえそれが不正であるとしても選ばなければ、もっとも烈しい道徳的非難をうけるに値するであろう、ということである。かくしてわれわれは、人が現実に正しい行為を選ぶことに対してもっとも烈しい道徳的非難を実際にうけるかもしれない、という逆説に陥る。しかし私は、なぜわれわれがこの逆説をうけ入れないのかわからない。

かくして私は次のように結論する、すなわちわれわれの理論が正しいのは、それが、ある行為が正また は不正であるかどうかの問いは常にその行為の現実の諸帰結に依存すると主張するかぎりである、という見解に反対する決定的理由はない、と。その問いは行為の内在的本性に依存するとか、それは動機に依存するとか、あるいはさらにそれは蓋然的諸帰結に依存するかどうか、と考えるための十分な理由はないようにみえる。

第六章　自由意志

前の三つの章をつうじてわれわれは、第一章および第二章で述べられた理論に反対して主張されるかもしれない、いろいろの反論を考察してきた。そしてわれわれが考察したほかならぬ最後の反論こそ、ある行為が正または不正であるかどうかという問いは、それの現実の諸帰結に依存するのではない、なぜなら、その諸帰結は行為者が予見しうるかぎり可能な最善のものであるらしいときにはいつでも、その行為は、たとえそれらの帰結が現実には可能な最善のものでないにしても常に正しいからである、と主張することに存するところの反論である。言葉をかえれば、この反論はある意味では、正および不正は行為者が知りうるところのことに依存するという見解に基づいていたのである。そしてこの章で私は、右の反論のかわりに、正および不正は行為者が為しうるところのことに依存するという見解に基づく諸反論を考察しようと思う。

さて、記憶されねばならないのは、ある意味においてわれわれのもとの理論は、事実そうであると考え、また強調すらするということである。たとえばわれわれは、ある行為はそれが可能な最善の諸帰結を生みだすときにのみ正しいと考えるものとして、すぐ前の章でその理論にしばしば言及した。そして、「可能な最善の諸帰結」とは「行為者がそれの代りに為しえたであろういかなる行為からも生ずるであろうと思われる帰結と、少なくとも同じほど善い諸帰結」ということであった。それゆえこの理論は、ある行為が正または不正であるかどうかという問いは常にその行為の諸帰結と、行為者がそれの代りに為しえたであろうすべての他の行為の諸帰結との比較に依存する、と考える。それゆえその理論は、随意的行為が正または不正であるところではどこでも（そしてわれわれは全くただ随意的諸行為について語っているにすぎない）、行為者はある意味でその代りに何か他のことを為しえたであろうということは真である、と仮定する。このことはその理論の絶対に本質的部分である。

しかし読者はいま、われわれははじめから「できる」、「しえたであろう」および「可能な」という語を特別な意味で用いている、ということを思い起さねばならぬ。簡潔にするためにだけ、行為者は彼が選んだとすれば一定の行為をなしえたであろう、ということが真であるところではどこでも、彼が為さなかった一定の行為を為しえたであろう、とわれわれが言うつもりであるということは、第一章（二二―二二ページ）で説明された。そして同様に、彼が為しうるところのことまたは可能であるところのことによって常に、われわれは彼が選ぶならば、可能であるところのことだけを意味した。それゆえわれわれの理論は結局、正および不正は行為者が間違いなく為しうるところのことに、しかしただ彼が選ぶならば為しうるところのことにのみ依存する、と主張してきたのではない。そしてこのことは大変な相違を来たす。というのは、この仕方で範囲を限ることによってわれわれの理論は、正および不正は行為者が間違いなく為しうるところのことに依存すると主張する人びとに避けえない論争を、避けるからである。われわれは非常にしばしば、現実に為しえたところのことと違った何かあることをかりに選んだとすれば実際に為しえたであろう、ということをはっきり否定する人は、たとえいるとしても少ないであろう。しかし誰かある人が、間違いなく彼が為したところのこと以外のなんらかのことをいつか為しえたと主張されるとすぐに、右のことを否定することになると思われる人は多い。それゆえ、われわれがこの章で考察しようとする見解——正および不正は行為者が間違いなく為しうるところのことに依存するという見解——は直ちに、甚だしく困難な論争——**自由意志**に関する論争にわれわれを巻き込むのである。誰かある人が、彼が現実に為しえたこと以外のなんらかのことをいつか為しえたとか、彼が為すであろうと思われること以外のなんらかのことをいつか為しうるということを強く否定する人は多い。そしてこの反対のことを同じように強く主張する他の人びともいる。そしていずれの見解が取られるにしても、それが正および不正は行為者が間違いなく為しうるところのことに依存するという見解と結合されていれば、われわれの理論と非常に厳しく対立しやすい。誰ひとり彼が為しえたこと以外のなんらかのことをこれまで為しえた者はいないと考える人は、もし彼らがまた正および不正は彼の為しうるところのことに依存すると考えれば、論理的には、われわれの為した行為は、どれひとつ決して正しいこともなければ、何ひとつ決して不正なこともないと考えざるをえない。そしてこれはしばしば現実におこなわれている見解であり、そしてそれはもちろん、われわれの理論に対して極めて重大で基本的な異論を成す、と思う。というのは、われわれの理論は逆に、われわれがまったく正しく行為することは決してないにしても非常にしばしば不正に行為する、ということを合意しているからである。他方、われわれは為さないところのいろいろのことを間違いなく為しうると考え、そして正および不正はわれわれがかく為しうるところに依存すると考える人びとのことをもまた、別の理由からではあるが、われわれの理論に反対することになりやすい。われわれの理論が考えているのは、人は彼が選んでいたとすれば何か他のことを為しえたであろうという条件で、彼の行為が実際に正しいとか不正であると言う資格が十分われわれにある、ということである。しかしわれわれが考察している見解をとる人びとは、このことは決して十分ではない、すなわち、そのことが十分であると言うことは正および不正の本性を完全に誤解している、と答えることになりやすい。彼らは次のように言うであろう、すなわち、ある行為が実際に正または不正であるためには、異なったように行為することが実際にできる、つまり行為者が選んでいたとすればたんに可能であるという意味とは全く別の或る意味で為しうる、ということが絶対に肝要である、と。われわれについて実際これまで真であったところのことは結局、われわれが選んでいたとすれば異なったように行為しえたであろう、ということだけであれば、そのときこれらの人びとは、われわれの行為のどれひとつとして決して正しくはないし、どれひとつとして不正でもないということが実際に真となるであろう、と言うであろう。それゆえ彼らは、われわれの理論は正および不正のひとつの絶対に本質的な条件——ある行為が正または不正であるためには、その行為が自由に為されねばならぬという条件を完全に見落している、と言うであろう。しかもその上彼らの多くはまた、われわれが間違いなく為しうる行為の部類は、われわれが選ぶとすれば為しうるところのこととしばしば同じではない、と考えるであろう。たとえば彼らは、われわれが選んだとすれば為しえたであろうと思われる行為は非常にしばしば、それにもかかわらずわれわれが為しえなかった行為である、と言うかもしれないし、ある行為は、われわれが実際にそれの代りに為しえたであろうと思われる他のどんな行為とも同じほど善い諸帰結を生むときには常に正しい、と言うかもしれない。そのことから次のことが帰結するであろう。すなわち、われわれの理論が不正であると言明する行為の多くは、彼らによれば正となるであろう、なぜならこれらの行為は、われわれが選んだとすれば為しえたであろうすべてのことのうち最善のものであるから、ということになるであろう。

さてこれらの反論は、われわれが更に考察せねばならぬもっとも重大なものであるように、私には思われる。それらの反論が重大であるとみえるのは、（一）彼らが主張しているように、正および不正はわれわれが為しうるところのことに実際に依存するのではなく、かつわれわれが選ぶとすれば為しうるところのことにのみ依存するのでもない、ということはいかにも非常に困難であるからであり、そして（二）われわれは現実に為したところのことと異なったなんらかのことをこれまで為しえたということはいかなる意味であるか、ということはいかにも非常に困難であるからである。私はこれらの点のいずれについても確かだと思う、と公言しているのではない。そして私が為すことを期待しうるのは結局、はっきりしているると私にみえる或る種の諸事実を指摘することだけである。もっともこれらの事実はしばしば看過されるけれども。かくして、実際には疑わしくしかも困難であると私には思われるそれらの問題を、読者が解決されるためにはっきり分離することである。

手始めに、人は彼が現実に為したところのこと以外の他のなんらかのことを為しえたということはいったい真であるのか、という問いからはじめよう。そこでまず第一に私は、この問いが自由意志の問いにどのように関係するようにみえるかを、正確に説明した方がよいと思う。というのは、**自由意志**に関する多くの議論においては他ならぬこの問いはまったくなんら言及されてはおらず、それゆえその二つの問いは実際には相互になんら関係していない、と考えられるかもしれないからである。そして実際ある哲学者たちは、その二つの問いは相互になんら関係するものを持っていないということを明確に含意している、と思う。つまり彼らは結局、われわれが現実に為すこと以外の何か他のことを、およそいかなる意味においても決して為しえないとしても、われわれの意志は自由であると正当に言われうる、と考えているようである。しかしこの見解はもしそれが取られるならば、私には明らかにたんなる言語の濫用であるようにみえる。われわれが**自由意志**を持っているという言明は、確かに普通には、われわれが実際ときには現実に行為する仕方とは違ったように行為する力を持っている、ということを含意すると解されている。それゆえ、誰かがわれわれは**自由意志**を持っているとわれわれに言いながら、同時に彼はわれわれがかかる力を持つということを否定するつもりであるならば、彼は単純にわれわれを誤りに導いている。確かに、われわれはおよそどんな意味においても、われわれが為したところのこと以外のなんらかのことを決して実際には為しえなかったのであれば、**自由意志**をその語の通常の意味においては持っていない。それゆえこの点でその二つの問いは確かに関係している。しかし他方われわれは、われわれが為さないところのことを時には或る意味で為しうるというたんなる事実（それが事実というものであれば）は必ずしも、われわれが**自由意志**を持っているとわれわれに言わせることはできない。確かにわれわれは、もし為しえないのであれば自由意志を持っていないが、われわれがたとえ為しうるとしてもそれを持っているということにもならない。われわれが自由意志を持っているかどうかは、われわれが為しうるということがそれにおいて真であるところの正確な意味に依存するであろう。それゆえ、たとえわれわれは、われわれが為さないところのことを或る意味で実際にしばしば為しうることに決めるとしても、この決定はそれだけでわれわれが自由意志を持っている、とわれわれに言わせることはできない。

そして、われわれがそれについて全く明晰でありうるし明晰でもなければならぬ第一の点は、次のこと、すなわち確かにわれわれは為さないところのことを或る意味でしばしば為しうるということである、と思う。これが事実であるということは全く明らかであり、しかもまたわれわれが、それがそうであるということを了解するということは非常に重要である、と私は思う。というのは、多くの人びとは全く無条件に、いかなる場合にも誰ひとり、彼がその場合現実に為したこと以外の何か他のことを為しえたものはない、と主張しがちだからである。このことをまったく単純に無条件で主張することによって、彼らはもちろん（たとえ彼らが含意するつもりはなくても）、人は異なったふうに行為しえたということが真であるところの「しえた」という語の固有の意味はない、ということを含意する。そしてこの含意こそ全く確かに絶対に偽であるところのものである、と私は思う。この理由で、無条件に「現実に生起したもの以外には何ひとつこれまでに生起しえたものはない」、と主張する人は誰でもまったく理に合わないし、しかも彼自身絶えず否認せざるをえない主張をおこなっているのである。そしてこのことを強調することが大切なのは、多くの人がこの主張は彼ら自身およびわれわれすべてが平素は信じており、かつ正しく信じているところのことと、いかにひどく矛盾しているかを理解しないで、この不適当な主張をおこなうからである。

事実、彼らがその条件を差し入れるならば——彼らが「『しえた』という語のひとつの意味で生起したところのもの以外の何ひとつ生起しえなかった」とだけ言うのであれば、そのときには多分彼らは完全に正しいであろう。われわれは彼らが正しいであろうということに反論しているのではない。われわれが主張しているのは結局、「しえた」という語のひとつのまったく正当な意味においては、しかもその語が用いられるごくもっとも普通の意味のひとつは、生起しなかったなんらかのものが生起しえたであろう、ということである。そして事実そうであるという証拠はただ以下のようである。

われわれの誰もが、いずれも生起しなかった二つの事柄の間で区別——われわれが一方は生起しえたのに他方は生起しえなかったと言うことによって表明する区別、を繰返しおこなうことをいくら誇張しても、誇張しすぎることはありえない。この区別以上に普通の区別はない。そして、われわれが区別する諸事例を公平に吟味する人なら誰でも、次の三つの事柄については疑いえない、と思う。この三つの事柄とは（一）われわれが用いる言語に符合する二つの事柄の間には非常にしばしば実際になんらかの区別がある、ということ。（二）これらの事柄の間に実際に存在するこの区別は、われわれが一方は可能であったが他方は不可能であった、と言うことによって表明しようとする区別に外ならない、ということ。（三）その区別を表明するこの仕方はまったく正当な仕方である、ということである。しかしもしそうであれば、絶対に「しうる」および「しえない」という言い回しのもっとも普通でもっとも合法的な用法のひとつは、そのいずれもが現実には生起しなかったところの二つの事柄の間でしばしば実際に成り立つ区別を表明することである、ということになる。二、三の事例を挙げるだけでよい。私は今朝二十分で一マイル歩くこともできたであろうが、私は確かに五分で二マイル走ることはできなかったであろう。私は実際にはこの二つのいずれをも為さなかったけれども、私が為さなかったというそれだけの事実が、一方は私の力量内にあったが他方はなかった、と私が言うことで表明しようとする二つの事柄の間の区別を捨てると言えば、まったく無意味である。たとえ私はそのいずれをも為さなかったとしても、確かに一方は他方が全然不可能であったという意味で私には可能であった。または別の事例を挙げてみよう。一般に猫は木に登れるのに犬は登れないということは真である。或る日の午後Aの猫もBの犬もともに木に登らない、と想定せよ。このたんなる事実は、われわれが猫は木に登らなかったとはいえ登ることはできたであろうが、犬はできなかったであろうと言えば(確かにわれわれがしばしば言うように)、われわれは正しくないに違いないことを証明する、と言うことは全く不合理である。あるいは生命のない対象に関する事例を挙げよう。或る船は二十ノットで進みうるのに他の船は十五ノット以上では進めない。そして、ある場合に現実にこのスピードでは走らなかった二十ノットの蒸気船は確かに、十五ノットの船が走らなかったという意味では走りえなかったであろう、とわれわれに言わせることはできない。逆に、われわれは誰でもその船が走りえなかったがゆえに走らなかった(たとえばその船の推進機事故のためにのように)という事例と、その船は走りえたのではあるが走らなかったという事例とを区別しうるし、区別すべきである。この種の事例はまったく数かぎりなく増えるであろう。しかもわれわれは誰でも、かかる言葉を絶えず用いているということは確かにまったく明らかである。つまりわれわれはそのいずれもが生起しなかった二つの出来事を考察するときには、一方はそれが生起しなかったけれども可能であったのに他方は不可能であった、と言うことによって二つの出来事を絶えず区別している。そして、われわれがこのことによって意味していることは（それがどんなものであっても）、しばしば完全に真であるところの或るものである、ということは確かにまったく明らかである。しかしもしそうであれば、「生起したこと以外何ひとつ生起しえたものはない」と無条件に主張する人なら誰でも、たんに偽であるところのことを主張しているだけである。それゆえ、われわれはしばしばわれわれが為さなかったところのことを為しえたであろう、ということは全く確実である。そこでいまこの事実が、事実そうでないということを人びとがわれわれに説明しようとして用いる議論と、いかに関係しているかを見てみよう。

この議論はよく知られており、たんに次のようなものでしかない。すなわちその議論は、生起するすべてのものは絶対にそれに先行するものに原因を持つと仮定する（私が議論する必要のない諸理由のために）。しかしこのように言うことは、そのものは必然的にそれに先行するところの何かあるものから生じると言うことである。または言いかえると、それの原因であるところの先行する諸出来事が一たび生起したらそれは絶対に必ず生起した、ということである。しかしそれが必ず生起したと言うことは、他のどんなものもその代りに生起しえなかったであろう、ということである。それゆえ、あらゆるものが原因を持つのであれば、生起したもの以外どんなものも決して生起しえなかったのである。

ところで、この議論の前提は間違いない、つまりあらゆるものは実際に原因を持つと仮定してみよう。実際そのことから何が帰結するのか。明らかに帰結するところのものは結局、「しえたであろう」という語のひとつの意味において生起したもの以外何ひとつ生起しえなかったであろう、ということである。実際このことが帰結するのである。しかしもし「しえたであろう」という語が曖昧であれば――すなわち、もしその語がいろいろの場合にいろいろの意味で用いられるならば――、ひとつの意味で生起したもの以外何ひとつ生起しえなかったであろうが、なお別の意味で同時に、生起しなかったなんらかのものが生起しえたであろうということが、完全に真であることは明らかに可能であろう。そして誰かが「しえたであろう」という語は曖昧ではない、と確実に主張しうるであろうか。誰かがその語はひとつの正当な意味しか持たないであろう、と確実に主張しうるであろうか。ことによるとその語は曖昧ではないであろう。そしてもし曖昧でないとすれば、生起しなかった何らかのことが生起しえたであろうということは、実際あらゆるものが原因を持つという原理に矛盾することになる。そしてその場合、われわれはこの原理を放棄せねばならぬと思う、なぜなら、われわれはしばしばわれわれが為さなかったことを為しえたであろうということは、極めて確かであるからである。しかし「しえたであろう」という語が曖昧でないという仮定は確かに、もっともはっきりした証拠なしに為されてはならぬ仮定である。しかも私は、まったくなんの証拠もなしにその仮定がしばしば為されると思う。それというのも、いろいろの語が曖昧であるということが、人びとの心に浮かばないからにほかならない。たとえば、**自由意志**論争において係争問題はただ、あらゆるものが原因によって引起されるかどうか、または意志の諸作用はときには原因なしに引起されるかどうかにのみかかわる、としばしば仮定されている。われわれが**自由意志**を持つと考える人びとは、意志の諸作用は原因を持たないこともあると主張せざるをえない、と考える。そしてあらゆるものが原因によって引起されると考える人びとは、このことはわれわれが**自由意志**を持っていないということを完全に証明する、と思っている。しかし事実自由意志が、あらゆるものは原因によって引起されるという原理と全く両立しないかどうかは、極めて疑わしい。それが両立しないかどうかは結局「しえたであろう」という語の意味に関する非常に困難な問いにかかわっている。その問題に関して確かなことは結局、（一）もしわれわれが自由意志を持っておれば、われわれはわれわれが為さなかったことをときには為しえたであろうということは、なんらかの意味で真でなければならない、ということ、そして（二）もしあらゆるものが原因によって引起されるならば、われわれはわれわれが為さなかったことは決して為しえなかったであろうということは、なんらかの意味で真でなければならない、ということである。極めて不確実なこと、そして確かに探求される必要のあることは、「しえたであろう」という語のこの二つの意味が同一であるかどうかである。

次のように問うことから始めよう。すなわち、われわれはしばしば、われわれが為さなかったことを為しえたであろうということが非常に確実であるところの、「しえたであろう」という語の意味は何であるのか、と。たとえば、私は歩きはしなかったが今朝二十分で一マイル歩くことはできたであろう、という意味は何であるのか。そこには非常にはっきりしたひとつの示唆がある。すなわち私の言いたいのは結局、もし選んでいたとすれば私にはできたであろうということだけである。あるいは（起りうる紛糾を避けるために）多分われわれは、「もし選んでいたとすれば私はそうしていたであろう」と言った方がよいかもしれない。言いかえればその示唆は、われわれがしばしば「私にはできたであろう」という言い回しをただたんに、「もし選んでいたとすれば私はそうしていたであろう」と言うことの簡潔な言い方として用いる、ということである。そして、われわれは為さなかったところのことを為しえたであろうということが確かに真である場合にはすべて、このこと（または何か同じようなこと）は、われわれが「しえたであろう」という語で言おうとしていることではない、ということが全く確実であるのは極めてむつかしい、と思う。さきの船の事例は例外であるようにみえる、なぜならその船は、それが選んでいたとすれば二十ノットで進んだであろう、ということは確かに真ではないからである。しかしこの場合でも、われわれが言いたいのはただ、その船は、もしそれに乗組んでいる人びとが選んでいたとすれば二十ノットで進んだであろうということだけである、ということは可能なようにみえる。われわれは非常にしばしば「しえたであろう」によって「かりに某氏が選んだとすればしたであろう」を意味すると考える、確かに十分な理由がある。そしてもしそうであれば、「しえたであろう」という語には或る意味があって、その意味では、われわれはしばしば為さなかったところのことを為しえたであろうということが、あらゆるものが原因を持つという原理と完全に両立しうるのである。というのは、かりに私が一種の意志作用を遂行したとすれば、私は自分が為さなかった何かあることを為したであろうと言うことは、この原理となんら矛盾しないからである。

そして、われわれがしばしば「しえたであろう」で意味するのは右のことであると想定するための、さらにもうひとつの理由、しかもまた、われわれが非常にしばしば、かりに異なって意志したとすれば実際に異なって行為したであろう、という明白な事実を強調するのがなぜ重要であるのか、という理由となるのは次のこと、すなわち、われわれが為さなかったところのなんらかのことを為しえたであろうということを否定する人びとは、あたかもこのことが、たとえわれわれが異なって意志したとしても決して異なって行為しなかったであろう、という結論を実際含んでいるかのようにしばしば話したり考えたりする、ということである。このことは二つの主な事例において——一方は未来に関連して、他方は過去に関連して生ずると思う。第一の事例は、生起するであろうこと以外どんなことも生起しえないと人びとが考えるゆえに、**運命論**と呼ばれる見解——われわれがいかなるものを意志するとしても、その結果は常に同じことになるであろうという見解、それゆえ、ひとつのことを別のことをおいて選んでみてもなんの役にも立たないという見解を受け入れるとき生ずる。そして、われわれが「できる」によって「たとえわれわれがそれを意志するとしても生起するであろう」を意味する場合には、実際この結論が生ずるであろう。しかしそれは確かに真ではなく、しかも確かに因果性の原理からは、そうはならない。逆に、あらゆるものは原因を持つとわれわれに想定させる諸理由と正確に同じ種類でかつ正確に同じように強力な諸理由は、もしわれわれがひとつの進路を選べばその結果は常に、かりにわれわれが別の進路を選んだとすればその結果となったであろうところのものと、なんらかの点で異なっているであろうという結論に至る。そしてわれわれはまた、その相違は、われわれが選ぶところのものが起るだろうという事実に対することもときにはある、ということを知っている。それゆえ、われわれが選ぶことになるかもしれない二つの行為のいずれもが現実に為されるであろうということは、未来に関しては確かにしばしば真である、もっとも、その二つの行為のうちひとつだけが為されるであろうということは全く確かではあるけれども。

そして第二の事例、すなわち誰も彼が為したこと以外にはいかなることも決して為しえなかったであろようから、彼が選んでいたとしても彼は為さなかったであろうということになるかのように、そのなかで人びとが話したり考えたりしがちな事例は以下のようである。事実多くの人は、この二つの命題の最初のものから直接次のごとく結論するようである。すなわち、われわれはある人がおこなうなんらかのことで、または一方では正・不正であるところのことと、他方では運・不運であるところのことを少しでも区別することで、彼を賞賛したり非難したりすることは決して正当化しえない、と。たとえば、彼らは随意的に犯罪を犯すことをば、われわれが不随意的に病気に罹ることを論じたり考察したりする仕方と少しでも異なった仕方で、論じたり考察する理由は何ひとつない、と結論する。犯罪を犯した人は、別の人が病気に罹ることを避けえなかったのと同じようにそれを犯すことを避けえなかった、つまり二つの出来事は等しく不可避的である、と彼らは言う。そして、もちろん両者は大いに不幸なことではあるが、つまり両者は非常に悪い帰結および等しく悪い帰結を持つのではあるが――われわれが両者を区別するために、犯罪を犯すことは不正であったとか、その人はこのことのために道徳的に非難されたが、それに反して病気に罹ることは不正ではなかったし、その人はこのことのために非難されなかった、とわれわれが言うとき正当性はまったく何ひとつない、と彼らは言う。そしてわれわれが「しえなかったであろう」によって「彼がそれを避けようと意志したとしても避けえなかったであろう」を意味するときには再び、実際にこのような結論が出るであろう。しかし私の指摘したいと思う点は、われわれがこの仮定をするときにのみこのような結論が出る、ということである。言いかえると、その人は、彼が選んでいたとすればその犯罪をうまく避けたであろう(それは確かにしばしば真である)と思われるのに、もう一方の人は、たとえ彼が選んだとしてもなお病気をうまくは避けえなかったであろう（これはまた確かにしばしば真である）というたんなる事実は、その二つの事例を異なったふうに考察したり論じたりすることに対して、十分な正当性を与えるのである。それがかかる正当性を与えるのは、あることが生起することが意志に依存していたところでは、意志にもとづいて行為することによって（われわれが非難または処罰によって行為するように）、われわれは同じような出来事が将来再発しないようにする合理的機会をしばしば持つのに、あることが生起するということが意志に依存していなかったところでは、かかる機会がないからである。それゆえ、われわれは次のようにはっきり言ってよいであろう、すなわち、不幸を随意的に生じさせる人が、あたかも等しく大きい不幸を不随意的に生じさせる人と正確に同じ仕方で論じられたり考察されるべきであるかのように、話しかつ考えるところの人びとは、われわれはかりにそのようにしようと意志したとしても異なって行為したであろう、ということは真でないかのように話したり考えたりしている、と。そしてこのことが、われわれは実際しばしば、かりに異なったように意志したとすれば異なって行為したであろう、という事実の絶対確実性を主張することがなぜ極めて重要であるかという理由なのである。

　したがって、われわれがわれわれの為さなかったことを為しえたであろうというとき、われわれはしばしば、かりに選んだとすればそれを為したであろうということだけを意味している、と考えるべき理由は大いにある。そしてもしそうであれば、この意味においてわれわれはしばしば実際にわれわれの為さなかったところのことを為しえたであろうということ、そしてこの事実はあらゆるものが原因を持つという原理といかにしても両立しないということは、全く確かである。そして私としてはこのことが、われわれが

自由意志を持っているという主張で通常意味し理解していることのすべてではないであろう、ということを確かだと思うことはできないと告白せねばならない。それゆえ、われわれが自由意志を持つということを否認する人びとは、われわれがたとえ異なったように意志したとしても異なったふうに行為したであろう、ということを実際に否認している（もっとも明らかにしばしば無意識的にではあるが）。このことがわれわれの意味していることであると時には考えられている。そして私はその反対命題に対していかなる決定的議論をも見出しえない。そして、もしそれがわれわれの言いたいことであれば絶対に、われわれは実際に**自由意志**を持っていることになる。そしてまたこの事実は、すべてのものが原因を持つという原理とまったく矛盾しないということになり、しかもまたわれわれの理論は、それが正および不正をわれわれが選んでいたとすれば為しえたと思われるところのことに依存させるときには完全に正しいであろう、ということになる。

しかし、確かに右のことは、われわれが**自由意志**を持っていると言わせるには十分でないと言う人が多い。そして、彼らは右のことを確かにいくらかもっともらしさを持つある理由から言うであろう、もっとも私はそれが決定的であるとは確信しえないけれども。すなわち彼らは次のように言うであろう。かりにわれわれがしばしば異なったように選んでいたとすれば異なったふうに行為しえたであろうと仮定してもなお、そのような場合われわれが異なって選ぶこともできたということがまたしばしば真でないとすれば、われわれが**自由意志**を持つことは真でない、と。このように自由意志の問いは、われわれが選ばなかったところのことを選ぶこともできたか、それとも事実われわれが選ばないであろうところのことを選びうるかどうか、という問いにすぎないとして表明されてきた。そして、この主張にはいくらかもっともらしい点があるので、ここで再び、少なくとも二つの異なった意味で、われわれはしばしば事実選ばなかったところのことを選ぶこともできたということが絶対に確実であり、しかもそのどちらの意味においてもこのことは因果律に矛盾しない、ということを指摘するのは無駄ではないと思う。

最初のほうの意味は古い意味を繰り返すだけにすぎない。われわれが為さなかったことを為すこともできたと言うことによってわれわれはしばしば、われわれがかりにそれを選んで為していたとすれば為したであろうということだけを意味するのであれば、明らかにわれわれはそれを選んで為すこともできたと言うことによって、われわれはそう選択することを選んでいたとすればそのように選んでいたであろう、ということだけを意味しうる。そして私は、われわれがそう選択することを選んでいたとすれば、ある特定の事柄を為すことを選んでいたであろうということは、しばしば真であるのは確かである、と思う。しかもこのことは、選択することがしばしばわれわれの力量内にあるということの非常に重要な意味である。確かに、われわれ自身を説き勧めて、ある特定の進路を選ばしめるよう努力する、というようなことはある。そして私は、われわれがかかる努力をしていたとすれば、われわれはしばしば実際には為さなかったところの選択を為していたであろう、ということは確かであると思う。

そして、この他にわれわれがいくつかの異なった行為の進路をめざしているときにはいつでも、われわれはそれらの進路のどれかひとつを選ぶことができるということには別の意味があり、その意味は確かに、たとえわれわれが**自由意志**を持つと言うことによって、われわれを正当化することが何の役にも立たないとしても、ある程度実践的に重要なものである。この意味は、かかる場合われわれはどのような選択を現実になすであろうかということを、前もって確実にはほとんど知りえないという事実から生まれてくる。そして「可能な」という語のもっとも普通の意味のひとつは、それにおいてわれわれがある出来事を、それが生起しないであろうということを誰ひとり確実には知りえないとき、「可能な」と呼ぶところの意味なのである。当然の帰結として、われわれは選ぶべきものを考察してから選択するときには、まったく常にというのではないがほとんど常に、われわれは現実に選ばなかったこれらの選ぶべきもののうちひとつを選んだであろう、ということは可能であったことになる。そしてもちろん、われわれがそのようにしたであろうということは、しばしば可能的であるのみならず大いに蓋然的でもある。そして確かにこの事実は実践的に重要なものである、なぜなら、多くの人はかりに可能であればすべきであると知っている一定の選択を為さないであろうということは、全く確かであるとあまりにも安易に仮定しがちであるからである。そしてその選択をしないであろうという彼らの信念はもちろん、彼らがその選択をしないようにしがちである。この理由で、彼らがなさないであろうと思われる一定のなんらかの選択に関して確実にはほとんど知りえない、ということを強調することが大切である。

それゆえ、（一）われわれは異なって行為することを選んでいたとすればしばしばそのように行為したであろう、ということ、（二）同様にわれわれは、そのように選ぶことを選んでいたとすればしばしば異なって選んでいたであろう、ということ、そして（三）誰ひとりわれわれがそのように選ばないであろうということを確実には知りえなかったという意味で、われわれは異なって選んだであろうということがほとんど常に可能であったということは、まったく確かである。これら三つのことはすべて事実であり、それらはすべて因果律とまったく調和する。これら三つの事実のどれひとつとして、しかもそれらのどんな組合せも、みずからが自由意志を持っているとわれわれが言うのを正当化しはしないであろう、ということを誰が確実に理解しえようか。それとも、われわれは選ばなかったところのことを選ぶこともできたということがしばしば真でないとすれば、われわれは自由意志を持っていないとかりに想定すれば、——自由意志の擁護者の誰かまたはそれの敵対者の誰かが、この命題における「選ぶこともできた」によって彼が言おうとしているところのことは、私が（二）および（三）という番号をつけた二つの確かな事実、またはその二つの事実のなんらかの組合せとはなにか異なったことである、ということを決定的に示しうるであろうか。確かに、多くの人はこの二つの事実だけではわれわれが自由意志を持っていると、すなわち、何かまったく他の意味でわれわれが選ぶこともできたということが真でなければならぬと、言わせるには十分でないと依然強調するであろう。しかし私の知るかぎり、その意味が何であるかをわれわれに正確に語ることのできるものは、これまで誰ひとりいなかったのである。私としては、「できる」のなかに何かそのような他の意味が必要であるかないかを示すための、決定的議論をなんら見出しえない。そしてそれゆえ、この章は疑問を残して終らざるをえない。われわれの理論が述べたように、ある行為は、その行為者が選んでいたとしたら為していたであろう他のいかなる行為からも生じたと思われるどんな結果にも劣らないほど、善い諸結果を生むときにのみ正しい、と言うかわりに、ある行為は、その行為者がより善い諸結果を生みだしたであろうと思われるなんらかのことを為すことができなかった時にはいつでも、しかもその時にのみ正しいということ、そしてこの「為すことができなかった」は「彼が選んでいたとしても、為すことはできなかったであろう」と等価ではなく、われわれが自由意志を持っているとわれわれに言わせるに十分であるという意味がどんなものであれ、その意味において解されるべきである、と言うであろうということは、ありうると思う。もしそうであれば、われわれの理論はちょうどこの程度まで誤りであるだろう。

第七章　内在的価値

われわれが第一章および第二章で述べた理論に関して、これまでに到達した主な諸結論は以下のように簡潔に要約されよう。まず第一に私が示そうとしたのは次のことである。すなわち、（一）ある随意的行為が正しいとか為さるべきであるとか、不正であると言うことは、いかなる存在者または一群の諸存在者であれ、人間であれ人間でないものであれ、それが随意的行為に対してなんらかの心的態度――それについて何かあるものを感じたり、意志したり、または考えたりする態度のいずれであれ――を取ると言うことと同じではない、ということ。そしてこのために、人間であれ人間でないものであれいかなる存在者も、それがある行為に対してかかるなんらかの態度を取るという趣旨の証明はどれひとつとして、その行為が正しいとか、為さるべきであるとか、不正であるということを十分に示すものはない、ということ。そして（二）同様に、何かあるものまたは事態が内在的に善いとか、内在的に悪いとか、あるいは一方が他方より内在的により善いと言うことはまた、なんらかの存在者または一群の諸存在者がそれに対してなんらかの心的態度――それについて何かあることを感じたり、欲求したり、または考えたりするという態度のいずれであれ――を取ると言うことと同じではない、ということ。そしてそれゆえ、ここでもまたなんらかの存在者または一群の諸存在者が一定のものあるいは事態に対して、何かそのような態度を取るという趣旨の証明はどれひとつとして、そのものあるいは事態が内在的に善いとか悪いとかいうことを決して十分には示さない、ということである。この二つの論点が極めて重要であるのは、その逆の見解がなんらかの形式でごく普通に抱かれているからであり、かつその見解がいかなる形式を取るにしても、それは、われわれの理論が含意する二つの非常に基本的な原理の、一方または両方に対して絶対に致命的であるからである（もっとも、このことは必ずしも理解されてはいないが）。かかる見解はその多くの形式においては、（一）いかなる行為も正および不正の両者であるものはないという原理にとって致命的であり、かくしてまた、正しい行為に常に属し不正な行為に決して属さないなんらかの特徴がある、という見解にとっても致命的である。そして、かかる見解はその形式のすべてにおいて、（二）その全結果がBとなるであろうと思われる行為よりもむしろ、その全結果がAとなるであろうと思われる行為の方を為すことが、一たびなんらかの存在者の義務であれば、二つのものの間で選択せねばならぬときには、それの全結果が正確にBに類似するであろうと思われる行為よりもむしろ、それの全結果が正確にAに類似するであろうと思われる行為の方を為すことが常に、いかなる存在者にとっても義務とならねばならぬという原理に対して致命的である。

そこでまず最初に私が示そうとしたのは、これら二つの原理はこの第一の攻撃方向――「正」および「善」はたんに主観的な述語であるということ（簡単に表現すれば）に存するところの攻撃方向に対して、首尾よく守られるであろうということである。しかしわれわれが次にわかったのは、「正」および「内在的に善い」が主観的述語ではないということを容認し主張する（多くのものがしているように）ところの人びとですら、なお別の根拠でその第二の原理を攻撃しうる、ということである。そしてこの見解は、次の三つの根拠のどれかひとつによってごく普通に論駁される。すなわちその根拠とは、（一）その問いは時にはその行為の内在的本性にのみ依存するということ、あるいは言葉をかえれば、或る種の諸行為はたとえそれらの帰結がどのようなものであれ絶対常に正しく、他の或る種の諸行為は絶対常に不正である、ということである。あるいは（二）その問いは部分的にまたは全体的に、その行為がそれから為される動機に依存するということ、あるいは（三）その問いは、行為者がその行為の諸帰結は可能な最善のものとなるであろう、と期待する理由を持っているかどうかという問いに依存するということである。したがって私は次に、これら三つの見解の各々が真でないということを示そうとした。

しかし最後に、われわれは前章で正および不正が現実の諸帰結に依存するということの正確な意味に関する問いを提出した。しかもここで初めてわれわれは、われわれの理論が正しいかどうかが極めて疑わしくみえた点に出会ったのである。意見がまとまりえたのは結局、ある随意的行為はそれの全帰結が、その行為者が代りに為すこともできたどんな行為からも生じたと思われるいかなる帰結にも劣らず、内在的に善いときにはいつでもしかもその時にのみ正しい、ということであった。しかし、右の命題が真であるべきだとすれば、「しえたであろう」という言い回しは正確にはどんな意味に解されねばならないかに関して、そしてそれゆえ、もしこの言い回しに含まれる語に対して、われわれの理論がその同じ語に与えた正確な意味を与えるならば、その命題は真であるかどうかに関して、われわれはどんな結論にも達することはできなかった。

そこで私が結論するのは、第一章および第二章で述べられた理論は、それが次の三つの原理を主張しているにすぎないかぎり正しい、ということである。その原理とは（一）すべての正しい随意的行為に絶対に属しまたは属さねばならず、そして不正な随意的行為には属さない或る特徴が在る、ということ、（二）そのような特徴のひとつは、正しい諸行為の全帰結は常にその行為者がおかれた状況の下で生みだすことが可能であったところの、どんな帰結にも劣らず内在的に善くなければならないが（しかしながら「可能な」という語が正確にはいかなる意味に解されるべきであるかは確かでないが）、他方このことは不正な諸行為については決して真でありえない、ということ、そして（三）もしなんらかの一群の諸帰結Aが一たび別の一群の諸帰結Bより内在的により善くあれば、正確にAに類似するどんな帰結も常に、正確にBに類似する帰結よりも内在的により善くあらねばならぬ、ということである。なるほど、われわれはこれら三つの原理に反対して主張されるかもしれない反論のすべてを考察したわけではないが、ただひとつの例外を除いて、もっとも普通に主張される反論のすべてを考察した、と私は思う。そしていま私は残っているこのひとつの反論が何であるかを簡潔に述べねばならぬが、その後に私は、第一章および第二章で述べられたこの理論が右の三つの論点のすべてに関して正しいにもかかわらず、私にはまったく誤りであるようにみえる個所を指摘することに進む。

その最後のひとつの反論は、**利己主義**からの反論と呼ばれてよい。そしてこの反論は次のことを主張することにある。すなわちそれは、いかなる行為であれ、その全帰結が可能な最善のものとなると思われる行為であっても、もし自分に対する全結果が個人的には可能な最善のものでないならば、彼はその行為をなすべきどんな責務をも負わない、ということ、あるいは言葉をかえれば、行為者がたとえ絶対にその行為の結果のすべて（他の存在者に及ぼすその行為の諸結果をも考慮すれば）が最善のものとならないであろうとしても、自分自身に及ぶ全結果が最善のものとなるであろうと思われる行為を行為者が選ぶことは、常に正しいであろうということ、にある。要するにこの反論は、一般的善のために自分自身の善を犠牲にすることは決していかなる行為者の義務ともなりえない、と主張する。そしてこの見解を取るたいていの人びとは、思うに、一般的善よりも自分自身の善の方を選ぶということが常に彼の積極的義務でなければならぬ、ということをなお一層主張することなしに右のことを主張して満足している。すなわち彼らは、ある人がたとえ一般的善のために自分自身の善を犠牲にするとしても正しく行為しうる、ということを認めるであろう。つまり、彼らはただある人がたとえ自分自身の善を犠牲にしなくても同じようにして正しく行為するであろう、と考えるだけである。しかし哲学者のなかには、常に行為者の積極的義務とならねばならぬものは、彼自身にとって最善であるところのことを為すことである――たとえば常に、彼自身の「完全性」とか、彼自身の救済とか、または彼自身の「自己実現」にもっとも資するであろうところのことを為すことである、と考えるようなものもいる。それゆえそれらの哲学者は、たとえ当の行為が全体からみて可能な最善の諸帰結をもたなかったとしても、右のように為すことが彼の義務となるであろうということを含意するのである。

さて、この見解が右の二つの形式のいずれにおいて真であるかどうかという問いは、かりに一般的善を大いに促進するあらゆる行為が、事実上つねにその行為者の善をもまたもっとも促進し、かつ逆もまた真であるということが真であれば、もちろん実践的重要性はなんら無いことになるであろう。そして多くの哲学者は、このことが事実であるということを示そうとして大いに骨折ってきた。ある哲学者は、このことが必ず事実であらねばならぬということを示そうとすらしてきた。しかしこの命題を証明するのに用いられてきたいろいろの議論はどれひとつとして、右のことが普遍的に真であるということをどうしても本当には示しえない、と私には思われる。たとえば或る人が、全体としての世界に対して最善の諸帰結を保証しようとするならば、彼は自分自身の人生を犠牲にするということが、絶対に必要となるかもしれないような場合が生じてくるであろう。そしてかかる場合ですら、彼は絶対常に自分自身のために可能な最大量の善を保証するであろうと主張する人びとは、なんらかの将来の人生において、彼はこの世界で継続した何年もの生の間で持ちえたであろうと思われるすべてのことに、十分報いる諸善を受け取るであろうということを主張しなければならない——これは、われわれが何はともあれ将来の人生を持つかどうかということは疑わしいし、そしてわれわれが将来の人生を持つとすれば、その生はどんなものに似ているであろうかということはさらに疑わしい、という反論がそれに対して出されるところの見解である——、さもなければ彼らは以下の逆説を主張せねばならぬ。

三十歳になるまで等しい内在的価値を持つ人生を生きたAとBの二人がいて、その年齢のときに一般的善のために自分の生を犠牲にすることが彼ら二人の義務となる、と想定せよ。Aは彼の義務を行なって自分の生を犠牲にするが、Bは義務を行なわずさらに三十年間生き続ける、と想定せよ。行為者自身の善が常に一般的善と合致すると考える人びとは、そのときには、Bの六十年の人生は残り三十年の人生がいかに立派に過ごされようとも、Aの三十年の人生と同じ内在的価値を決して持ちえない、と考えねばならぬ。そして確かにこのことは途方もない逆説である。それはわれわれが、Aが彼の人生を犠牲にして自分の義務を行なうAの最後の瞬間にいかほど大きい内在的価値を帰そうとも、そしてわれわれが、この一例において彼が自分の義務を行ないえなかったという事実から生ずるBの人生に、内在的価値における損失をいかほど高く見積ろうとも、やはり途方もない逆説なのである。たとえば、Bはこのひとつの行為を後悔するかもしれないし、彼の余生の全体は最高の善いもので満ちているかもしれない。そして、人生のこの最後の三十年のうちにあるかもしれない善いもののすべては、決して彼の人生を内在的にはAの人生以上に価値あるものとすることはありえない、と主張することは無茶なようにみえる。

したがってわれわれは、われわれ自身にとって本当の善の最大量は決して常に、全体としての世界にとって真に善いものの最大量を保証するになくてはならぬ諸行為によって保証されているのではなく、そしてそれゆえ、かかる葛藤の際には、われわれがわれわれ自身の善の方を一般的善よりも選ぶということが、常に義務または正であるかどうかということは、実践的に重大な問いであると結論せねばならぬ、と私は思う。そしてこれは、私の知りうるかぎり、あれこれ議論することによっては解決することのできない問いである。もし誰かある人がその問いをはっきり考察したあとで、彼が、一般的善と自分自身の善が衝突するのであれば、一般的善に対して自分自身の善を犠牲にするようなどんな責務も決してありえないという結論が、または自分がそのように為すことは悪となるであろうという結論にさえ至るとすれば、彼が問違っているということを証明することはできない、と思う。しかし確かに彼は、自分が間違っていないことを証明することも同じくできない。そして私としては、彼が間違っているのは全く明らかであるようにみえる。全体として最善の諸結果を生みだすであろうところのことを為すことが、たとえわれわれ自身に及ぶそれらの結果がどんなに悪いものとなろうとも、かつわれわれ自身がそれによってどれだけ多くの善いものを失おうとも、常にわれわれの義務とならねばならぬということは全く自明である、と私には思われる。

それゆえわれわれは、行為者が或る一定の機会に為しうる行為のすべてのなかで、その全帰結が最大の内在的価値を持つであろうと思われる行為を為すことが常に、あらゆる行為者の義務とならねばならぬという原理に対する、この最後の反論を無難にしりぞけうる、と私は思う。そしてそれゆえわれわれは、第一章および第二章で述べた理論は、「為しうる」という語が右の原理において解されねばならぬ正確な意味に関する疑問を除いて、いままでに考察した三点のすべてに関して正しいと結論しうるであろう。しかし、明らかにこの理論のように、正および不正はわれわれの行為の内在的価値に依存すると主張するいかなる理論も、どんな種類の帰結が他のそれよりも内在的により善くまたはより悪くあるかを、正しく決定することが極めて大切である。そしてまさにこの重要な点において、当の理論は完全に間違った見解を取るように、私にはみえるのである。われわれが第二章でみたように、その理論は次のように主張する。すなわち、より多くの快を含むいかなる全体も、より少ない快を含む全体よりも常に内在的に善く、いかなるものも、それがより多くの快を含んでいないならば内在的により善くはありえない、と。そしてこの言明において「より多くの快」という言い回しは、それが表わすところのことを正確に意味することとして解されるべきではなく、本書の最初の二つの章でそれの本性が十分説明された五つの異なった選択肢のうちの、どれかひとつを表わすこととして解されるべきである、ということが思い出されるべきである。そしてそれゆえ、われわれが提出せねばならぬ最後の問いはこうである。この命題が真であるか否か。そしてもし否であれば、どんな種類の事柄が他の種類のそれより内在的により善くまたはより悪いのか、という問いに対する正しい答えは何であるのか。

そこでまず第一に、この問いがそれと非常に混同されやすい別の問いとどのように関連するかを、全くはっきりしておくことが大切である。その別の問いとはすなわち、第一章で述べた理論の最初の部分を成すものとして、他と区別してそこで取り出した命題が真であるかどうか、という問いである。つまり私の言いたいその命題とは、快の量が正および不正の正確な規準であるという命題、あるいはこの世のなかで快の最大量を生みだすであろう行為を為すということ、または（というのは、多分次の行為を為すことはもっと普通に考えられているのであるから）われわれの知りうるかぎりかかる最大量を生みだすであろう行為を為すということが、常に事実上われわれの義務であるという命題である。この後者の命題は、より多くの快を含むところのものは常により少ない快しか含まないところのものより内在的により善いという命題より、はるかにしばしばはっきりと主張されてきた。そして多くの人は、たとえ彼らがあらゆる全体の内在的価値は常にその全体が含む快の量と比例するということを否定するにしても、この後者の命題を自由に主張することができると考えがちであろう。そしてある意味で彼らがそうするのは自由であろう。

というのは、快の量はたとえ内在的価値が必ずしも快の量に正確に比例していないとしても、この世界では常に正および不正の正確な規準となるであろうということは、論理的には全く可能だからである。しかしこのことが論理的に可能であるとしても、それがとても事実でありそうにもないということは容易にわかる、と思う。というのは、かりにそれが事実であれば、そのことが含むであろうところのことは次のことだからである。すなわち、そのことによってわれわれは必ず以下のように主張せねばならぬであろう。つまりなんらかの現実の随意的行為の全帰結が、可能な他に選びうる随意的行為の全帰結以上の内在的価値を持つ場合、絶対常にそれらの行為もまたより多くの快を含むということが真であるようなことになる、もっとも、他の場合には内在的価値の程度は決して常に含まれた快の量に比例するわけではないことをわれわれは知っているが、という主張である。そしてもちろん理論的には、このことがそうなるであろうということは可能である。すなわち、現実の随意的諸行為の全帰結は一般法則に対して完全な例外を形成するであろうということ、つまりそれらの場合、より大きい内在的価値を持つものは絶対常にまたより多くの快を含む、もっとも、他の場合にはこのことは必ずしも常に真であるわけではないが、ということは可能である。しかし、それがそうであるという厳密な証拠がない場合には、起りそうなことはすべて他方の場合であるということは誰にでもわかる、と思う。事実私の知りうるかぎり、それがそうであるかないかのいずれであるかを絶対的に証拠だてることは全く不可能である。なぜなら、この世界における現実の諸行為は、われわれが突き止めえない無数の間接的で疎遠な諸帰結をもつので、或る二つの行為の全帰結を、内在的価値に関してか、それらの帰結が含む快の量に関して、いかに比較するかの方法が全く確実であるということは不可能であるからである。それゆえ、たとえ内在的価値が含まれた快の量と必ずしも比例しないとしても、快の量が事実上正および不正の正確な規準であるということは、おそらく事実であるかもしれない。しかし内在的価値が常に快の量と比例していると仮定しないかぎり、快の量が正確な規準であることを証拠だてることは不可能である。そして前者の見解を取るたいていの人は事実、たとえ彼らがこの仮定をしているとはっきり自覚していないにしても、その仮定をしていると思う。

では、この仮定は真であろうか。ひとつの全体が別の全体より内在的に善いのは、その二つの全体が他の諸点でどんなに似ているにしても、その全体がより多くの快を含んでいるときに、しかもその時にのみである、ということは真であるのか。かかる見解の帰結を完全に了解している人なら誰でも、ことによるとそれが真であると考えうるということはほとんどありえないようにみえる。その見解を取れば、われわれはたとえばこう言わねばならない、すなわち、快以外のいかなるものも絶対に存在しない——知識も愛も美の享受も道徳的諸性質も存在しない——ある世界がなお、それが快の総量において少しでも優ってありさえすれば、これらすべてが快とならんで存在する世界よりも内在的により善くあらねばならぬ——より善く創造するに値しなければならぬ——と。たとえそれぞれの世界における快の総量が正確に等しいとしてもなお、それに加えて一方の世界にいる存在者のすべてが多くの異なった種類の知識や、それらの世界において美しかったり愛に値したりしたすべてのものの完全な評価を所有しているが、他方の世界にいる存在者はどれひとつとしてこれらのものをなんら所有していないという事実は、前者の世界の方を後者のそれよりも選ぶということに対して、まったくなんの理由をも与えないであろう、と。その見解を取れば、われわれはたとえば次のように言わねばならない、すなわち、のんだくれが陶器をぶち毀して大喜びするときの精神状態はそれ自身において、リヤ王の悲劇のなかにある絶妙なものすべてを完全に理解している人の精神状態と——両者の場合におけるたんなる快の量が同一でさえあれば、同じように価値がある、と。そのような例はいくらでも示しうるし、それは、内在的価値が常に快の量に比例するという見解の偽なることを示す間接証明になる、と私には思われる。もちろん、ここでもまたその問いは全くいずれとも証明できない。そしてもし誰かある人がその論点をはっきり考察して、二種類の享受における快の強さが等しくさえあれば、両者の内在的価値のあいだには全く差がないという結論、および、もしわれわれがなんらかの知識とか、道徳的性質とか、または美の感覚を持つ必要なしに、われわれがそれらのものによって手に入れうると同じ多くの快をこの世で手に入れえたとすれば、これらのものすべては完全に不必要であるという結論に至る場合には、彼が正しくないということを証明する仕方はないことになる。しかし、実際にその問いをはっきり理解する人なら誰でも、かかる見解を取るということはほとんどありえないように、私には思われる。そして、かりに誰かある人がかかる見解を取ったとすれば、彼が正しくないのはおのずから明らかである、と私は思う。

　しかしながら、その問題が右のことと同じほどはっきりしておれば、誰かがこれまで内在的価値は常に快の量に比例しているという見解を受け入れたり、あたかも事実そうであるかのように論じてきたということが、いかにして生じたかと問うてよい。そしてこの問いに対する主な解答のひとつは、その見解を受け入れたりそう論じた人びとは、彼らの見解の全帰結を明晰には理解していないということである、と私は思う、それというのは一部には、彼らは現実の随意的行為の全帰結の場合には、内在的価値の程度は必ずしも快の量に比例していないかどうかという特別の問い――これまで認められているように、それ自身はるかに曖昧な問いだけにとらわれすぎているからである。しかし、非常に重要な原理にわれわれを導くがゆえに、言及するに値する別の理由があると思う。事実いかなる全体も、それがなんらかの快を含んでいないのであればどんな内在的価値をも持ちえないということが、大いにまことしやかに考えられているようである。しかも合理的でおそらく真なるこの見解は、内在的価値は常に快の量に比例しているという全く不合理な見解にわれわれを到底導くことはできない、と一見考えられるかもしれない。つまり、いかなるものも快を持たなければ有益ではありえないと言うことと、内在的価値は常に快に比例していると言うこととは、非常に異なった事柄であるということは明白であろう。そして事実、この二つの見解はみかけの上と同じく実際にも異なっているということ、しかも後者は前者から全く生じないということは真である、と私は思う。しかしわれわれが少しく精密に注視すれば、後者が前者から生ずるとごく自然に考えられてきたひとつの理由を知りうる、と思う。

その理由は次のようなものである。いかなる全体も、それがなんらかの快を含んでいないのであれば内在的に善ではありえないとわれわれが言う場合、われわれが言っているのはもちろん、内在的に善であるところのなんらかの全体から、それが含んでいる快のすべてを引去るとすれば、その残りのものはいかなるものであれ全くなんら内在的善さを持ってはおらず、常に内在的に悪であるか、さもなければ内在的に無差別であるかのいずれかでなければならぬ、ということである。そしてこのことは(もしわれわれが内在的価値の定義を思い起すならば)、この残りのものは現実には全くなんら内在的善さを持ってはおらず、常に積極的に悪か無差別かのいずれかであると言うことと同一のことである。かかる全体の含む快をAと呼び、その残りの全体を何であれBと呼ぼう。そのときわれわれは、全体A+Bは内在的に善ではあるが、Bは内在的には全くなんら善ではない、と言っているのである。確かにそのことから、A+Bの内在的価値はいかにしてもAだけの内在的価値ほど大きくはありえない、ということが帰結するようにみえる。どうして大きくなるようなことがありうるのか、と問うてよい。Aに何かあるもの、すなわち全くなんらの内在的善さを持たないBを付加することによって、いったいいかにしてわれわれは、Aより以上の内在的価値をもつ全体を手に入れうるのか。当然のことながら、われわれがそれを手に入れえないということはおのずから明白であるようにみえる。しかしもしそうであれば絶対に、われわれはなんらかの全体の価値を、それに快を付加すること以外には決して増大しえないということになる。もちろん、われわれは他の諸事物を付加することによって、たとえば苦を付加することによってそれの価値を減じうるかもしれないが、快を付加する以外には決してそれを増大しえないのである。

さて、このことから推せばもちろん、ある全体の内在的価値は、われわれが終始一貫してこの表現——言いかえれば、その価値は第一章において説明された五つの意味のひとつにおいて、快の苦に対する剰余に比例しているということを意味して用いてきた特別の意味で、その全体が含む快の量に常に比例しているということには厳密にはならない。しかし事実そうなると考えるのは確かに極めて自然である。そして、われわれがこの命題を論駁するために与えた諸理由は、誤っているに違いないということになる。当然の帰結として、一定量の快を含む世界にそれ以上の快を付加することなしに、知識または美の感覚というようなものを付加して、われわれがその世界の内在的価値を増大しうると考えれば誤っているに違いない、ということになる。それゆえ、内在的価値は常に快の量に比例しているという命題をわれわれが論駁しようとすれば、右の議論を論駁せねばならない。しかしその議論はほとんど論駁できないようにみえるであろう。事実その議論は、内在的価値が常に快の量に比例しているという命題を支持する議論として用いられてきたのであり、その議論は多分、人びとがその見解をこの形式ではっきりとは表現していないとしても、彼らにそれを受け入れさせるにあずかって大いに力があった、と私は思う。

では、われわれはどのような仕方でこの議論を論駁しうるのか。もちろんわれわれは、いかなる全体もそれがなんらかの快を含んでいなければ内在的に善くありえない、という命題を拒否することによって論駁しうるかもしれない。しかし私としては、この命題が真であるということは確かだとは思わないけれども、またそれが真でないということも確かだとは思わない。確かに、論駁しうるし論駁されるべきであると思われるところの、その議論の部分は別の部分——すなわちある全体が二つの要素AおよびBを含み、かつこれらの一方Bが内在的善さを全くなんら持たない場合には、その全体の内在的価値は他方の要素Aの内在的価値よりもより大ではありえない、という仮定である。思うに、この仮定は明らかにさらにもっと一般的仮定に基づいており、それは、この一般的仮定のなかの特別の事例にすぎないのである。この一般的仮定とは、ある全体が二つの要素AおよびBから成っている場合、その全体の内在的価値は、この二つの要素の一方の内在的価値を上回る量だけが常に、他方の要素の内在的価値と等しくなければならない、というものである。われわれが問題にしている特別の事例はこの一般的仮定から生ずるであろう。なぜなら、Bが内在的に無差別であれば、すなわちそれの内在的価値＝0であれば、その全体A＋Bの価値がAの価値を上回る量だけがまた＝0でなければならない、言いかえれば、その全体の価値はAの価値に正確に等しくなければならぬが、しかるにBが内在的に悪であれば、すなわちそれの内在的価値が0より少なければ、A＋Bの価値がAの価値を上回る量だけがまた0より少ないであろう、言いかえれば、その全体の価値はAの価値より少ないであろうからである。そこでわれわれが問題にしている特別の事例は、この一般的仮定から生ずるのである。そしてその特別の事例は、一般的仮定がまた真であると主張することなしに真である、と主張するものは誰もいないであろう、と思う。事実、この一般的仮定は極めて当然のことながら自明であるようにみえるかもしれない。つまり事実そうであると一般に仮定されてきた、と思う。そしてそれは、算数の法則からの単なる演繹であるようにみえるにしても、私の知りうるかぎり、それは算数の法則からのたんなる演繹ではないし、自明であるどころか確かに真ではないのである。

われわれがその一般的仮定を拒否するとき、われわれの述べていることを正確にみてみよう。われわれが述べているのは、AおよびBは二つとも一緒に存在しているということ、ならびにこの二つのものは相互に、それらがたまたま持つことになるなんらかの関係を持つということであり（AおよびBが一緒に存在するとき、それらは常に相互になんらかの関係を持たねばならない。しかもその関係の正確な本性は確かに、ある場合には諸事物の全事態の価値に大いに影響を及ぼすかもしれない、もっとも多分すべての場合にそうであるには及ばないが）、——これら二つの事実は共に或る量の内在的価値を持たねばならぬということ、すなわち内在的に善いか、内在的に悪いか、それとも内在的に無差別かのいずれかでなければならぬということ、しかもこの価値が、Aの存在はAが全くそれだけで存在したとすれば持つであろう価値を上回る量だけが、Bの存在はBが全くそれだけで存在したとすれば持つであろう価値と等しくなるには及ばない、ということである。これがわれわれの述べていることのすべてである。そして一体誰がかかる見解は必然的に算数の法則と矛盾するとか、またはそれが真でありえないのは自明であると、もっともらしく主張しうるのか。私にはそのように言う根拠が全然わからない。そしてもし何の根拠もないのであれば、なんらかの全体の価値に対して、これに快を付加すること以外に何ものをも付加しえないということを示そうとした議論は、完全に根拠がないのである。

それゆえ、われわれが内在的価値は常に快の量に比例しているという理論をしりぞければ、ある全体の価値がそれの諸要素のひとつの価値を上回る量は必ずしもその残りの要素の価値に等しくない、という原理——真であるとすれば他の多くの場合に極めて重要な原理を、われわれは受け入れざるをえないかのようにみえる。しかし一見して、この原理は逆説のようにみえるにしても、われわれがそれを受け入れるべきでないという理由はなんら無いようにみえるし、他方それを受け入れるべきであるという他の独立した理由はある。そしていずれにしても、ある全体の内在的価値の程度は必ずしもそれが含む快の量に比例しているのではないということは、まったく明らかであるようにみえる。

しかし、われわれがこの理論をしりぞけるのであれば、何をその代りにしうるのであるかと問うてよいであろう。われわれは、どんな種類の帰結が他のそれより内在的により善くまたはより悪いかという問いに、いかにして答えうるのか。

まず最初にわれわれが言ってよいのは、われわれが内在的価値は常に快の量に比例しているという見解をしりぞけたと同じ理由でまた、内在的価値は他のどんなただひとつの要素であれ、それの量に常に比例しているという見解をしりぞけねばならぬ、ということだと思う。たとえどんなただひとつの種類のものが快の代りに内在的価値の尺度として提出されるとしても――知識であれ徳であれ智慧であれ愛であれ――、そのものがかかる尺度でないということは明らかである、と思う。なぜなら、これらのもののどれかひとつがいかに価値あるものであるとしても、われわれは常にそれらのもののどれかひとつを含む或る全体の価値に対して、そのものの価値をもっと付加することによってだけでなく、それ以外の何かあるものを付加することによってもまた付加するのであるということは、全く明らかだからである。事実私の知りうるかぎり、より大きい内在的価値を持つすべての全体を、より小さいそれしか持たないすべての全体から常に区別する特徴は、あらゆる行為者が、一対の行為のいずれかが唯一の結果となるであろうと思われる行為の間で選択せねばならぬとき、より善いものの方をより悪いものよりも選ぶことが彼らの義務となるであろうという基本的特徴を除いて、何ひとつないのである。そして同様に私の知りうるかぎり、内在的に善であるすべてのものに属し、かつそれらのものにのみ属する特徴は――それの唯一の結果が内在的に善いもののひとつとなるであろう行為と、なんらの結果をも持たないであろう行為との間でわれわれが選択せねばならないとき、それらのものが全く内在的に善であり、しかも常に何よりも選ぶべきであるという特徴だけを除いて、何ひとつないのである。実は、私に真であるとみえる見解は、理論というものはさておき、すべての人が当然取ることになるところのものである、すなわち無限に異なるいろいろのものがあり、それらのすべてが内在的に善であるという見解であり、これらのすべてのものはおそらくある特徴を共通に持ってはいるが、それらの差異は非常に大きいので、それらのもののすべてに共通であるものの以外にそれらに特有でもある——言いかえれば、内在的に悪または無差別であるどんなものにも決して属さない——特徴をなんら持っていない、という見解である。思うに、いかなる種類の事物が内在的に善または悪であり、いかなるものが他のものより善くまたは悪いかを明らかにすることによって為しうることとは結局、それぞれの主な種類のいくつかを分類し、どんな要素がそれらの善さまたは悪さに依存するかを指摘することであろう。そしてこのことは倫理学において為されうるもっとも有益な事柄のひとつであり、今日まであまりにもないがしろにされてきたところのことである、と私は思う。しかし私はここでそのことを試みる余裕はない。

私は最後の言葉を二つ述べる余裕しかない。第一の言葉は、絶対にすべての内在的に善いものに特有ではないが共通の、二つの重要な特徴があるようにみえる、ということである。すなわち、（一）それは、いかなるものも、それが或る感情とまた意識の他の或る形式との両者を含んでいないとすれば、内在的に善いものではありえないかのようにみえる。そしてわれわれが以前述べたように、含まれた感情のなかには常にある量の快が存在せねばならぬということは、可能であると思われる。そして（二）また、内在的に善いものはすべてかなり多様な要素を含む複合的全体でなければならぬかのように、——たとえば、快のように単純なものですらそれだけではありえないかのようにもみえる。しかし、これらの特徴のいずれもが内在的諸善に特有ではないということを強調する（それは明白ではあるが）ことが大切である。すなわち、明らかにそれらの特徴はまた悪いものや無差別なものにも属しうるのである。事実第一の言葉に関しては、感情と意識のある他の形式を共に含む多くの全体が、内在的に悪であるということは真であるだけでなく、いかなるものもそれが或る感情を含んでいなければ内在的に悪でありえない、ということもまた真であるようにみえる。

もうひとつの最後の言葉は、（一）あるものが内在的に善および悪であるかどうか、しかもどの程度にそうであるか、そして（二）そのものは、それが一部を形成するある全体の内在的価値を増すことができるか、それとも減ずることができるかどうか、しかもどの程度にそうであるかという二つの問いと、第三の完全に異なった問い、すなわち（三）あるものが有用でかつ善い諸結果を持つか、それとも有害でかつ悪い諸結果を持つかどうか、しかもどの程度にそうであるかという問いとを、われわれは極めて注意深く区別せねばならぬ、ということである。三つの問いはすべて非常に混同されやすい、なぜなら日常生活においてわれわれは、「善」および「悪」という名称を三種類のすべての事柄に無差別に適用するからである。つまりわれわれが、あるものが「善」であると言うときわれわれの意味しうるのは（一）それが内在的に善であるということか、あるいは（二）それは多くの内在的に善い全体の価値を増すということか、それとも（三）それは有用であるか善い諸結果を持つということかのいずれかである。そして同様に、われわれがあるものが悪であると言うとき、われわれはそれに対応する三つの事柄のうちどれかを意味しうるのである。そしてかかる混乱は誤りに至りやすいし、そのなかでも次のことがもっとも普通の誤りである、と思う。まず第一に、人びとは事実（一）または（二）の意味で本当は非常に善くあるところの諸事物に関して、それらは、大いに有用であるとは思われない——すなわち、それ以上の善い諸結果に至るとは思われないという理由だけで、ほとんど善ではないと臆断しやすい。そして同様に（一）または（二）の意味で本当は非常に悪くあるところの諸事物に関して、それらはそれ以上の悪い結果に至るとは思われないという理由だけで、それらのものはたとえあるとしてもたいして有害なものはないと臆断されるのは、ごくありふれたことである。何はともあれ、人びとがある善いものについてそれはどんな役に立つのかと問い、もしなんの役にも立たなければ、それはなんら善でありえないと結論したり、ある悪いものについてそれはどんな害をするかと問い、もしなんの害をも与えないのであれば、それのなかにはなんら有害なものはありえないと結論するのは、ごく普通にみうけられることである。あるいはまた逆の誤りによって、本当は非常に有用であるが、（一）および（二）の意味では全くなんら善くないところのものについて、それらのものはこの二つの意味のひとつまたは両者において善であらねばならぬと臆断されるのは、ごくありふれたことである。あるいは、さらに（一）および（二）の意味で本当は非常に善いところのものについて、それらは善であるがゆえにいかにしても害を為しえないと臆断されている。あるいは最後に、内在的に善くもなければ有用でもないところのものについて、それらは事実（二）の意味では非常に善いのであるが、まったく何ら善ではありえないと臆断されている。これらの誤りがすべて起りやすいのは、事実これら三つの意味のどれかひとつにおいてある事物の善さまたは悪さの程度は、必ずしも他の二つの意味のいずれかにおけるそのものの善さまたは悪さの程度に比例しているのではないからである。しかし、もしわれわれがこの三つの異なった問いを注意深く区別すれば、それらの誤りは完全に避けうる、と思う。

文献に関する注

読者が、倫理学の基本的諸問題は本当には何であり、それらの問題に対する真なる答えは何であるかに関して、公平に判断したいと思うならば、第一に重要なことは、どれか単一の型の諸著作を読むということに止まらず、一般に名声を認められたいろいろの著者たちにとって、どんなに多種多様な事柄がその主題に関して言われるべきもっとも重要なことと思われているかを理解することである。このために読者は、できることなら以下の諸著作のすべてを読み、相互に比較してみるべきである、と私は思う。

1　プラトンのいくつかの対話篇（ジョウエット訳）。比較的短い諸対話篇のなかで『プロタゴラス』、『ゴルギアス』および『ピレボス』がほとんど基本的な倫理的諸問題のみを扱っており、プラトンが倫理学を論じる方法の典型的な範例とみることができるであろう。しかし、読者はできることなら『国家篇』の全体をもまた読むべきである、なぜなら、それは概して比較的些細な諸点を扱ってはいるけれども、いろいろの個所でプラトンの一般的見解を理解するのに非常に重要な諸議論を含んでいるからである。

2　アリストテレス『ニコマコス倫理学』

3　ヒューム『道徳原理の研究』
4　カント『道徳形而上学序説』
5　J・S・ミル『功利主義』
6　H・シジウィック『倫理学の方法』
7　H・スペンサー『倫理学の諸事実』
（彼の『倫理学原理』に関する二巻のうちの第一部を成しているが、しかしまた別個に出版された）。
8　T・H・グリーン『倫理学入門』

私がこれらの著作を選んだのは、この主題に関して読むに値する最善のもののうちにあると、多くの人に今なお考えられている著者たちが、この主題を扱った極端に異なった仕方を十全に理解するのに十分ではあるが、十分すぎることはないものとして、である。確かに、ある場合には等しく十分読むに値し、私が強調したいような種類の相違を代表する他の諸著作をもってきて、私が挙げた諸著作のあるものと代えてもよいであろう。しかしこれらのものは、説明のためにはいずれ劣らずよいものである、と思う。そしてこれらのうちほとんどひとつとして、同じ論じ方を代表する他のなんらかの著作がそれの代りをしないのであれば、重大な損失なしには省略しえないであろう。

読者のこれ以上の読書を指導するには、もはや生きていない著者たちに関するかぎり、読者はシジウィックの『倫理学史概説』を参照してよいであろう、その書から読者は自分が研究するのにもっとも有益であるように思われるのは、他のどんな著者たちであるかを判断しうるであろうし、しかもまたそれは、それ自身のために十分読むに値するのである。そして、もし読者が今なお生きている著者たちによって書かれた倫理学に関する主な諸著作を熟知するようになりたいと思うならば、まず第一にヘイスチングス・ラシュダアール博士の『善悪の理論』を読むよう勧めるのが何よりではないか、と思う。この本は現今なお議論されている種類の諸問題の公正な観念を与えるであろうと思うし、それはまた読者に、彼自身それ以上の読者の選択をさせうるに十全な、まだ生存している他の著者たちのもっとも重要な諸著作への紹介を含んでいる。

この著書で主張された諸見解のそれ以上の証明には、読者は私の『倫理学原理』を参照するとよいであろう。そしてそれは同じ一般的見解をかなり異なった形式で表現しており、しかもそれはまた、紙面不足からここでは完全に省略されたいろいろの論点に関する討論をも含んでいる。

訳者あとがき

本書は George Edward Moore, *Ethics*, Home University Library, Thornton Butterworth, 1912. の翻訳である。

ムーアは一九〇三年 "Principia Ethica"(『倫理学原理』、拙訳、三和書房)を出版して、「学問的と称しうる将来の倫理学に対する序論」を書こうと企て、倫理学的推論の基本的な諸原理が何であるかを徹底して明らかにしようとした。かれによれば、倫理学の課題は一つには「何がそれ自身において善であるか」を問うことであり、もう一つは「われわれはいかなる種類の行為をなすべきか」を問うことであると考えられた。事実、これまで両者の問いがはっきり区別されなかったということが、倫理学の議論を解決不可能な混乱に陥れていたように思われる。

前者の問いに対する答えは「善いは善い」であり、「善いは定義できない」ということであった。この答えは一見するといかにも無意味なものにみえるけれども、究極的に重要な意味をもっているのである。というのは、ムーアにとって善はそれ自身において直覚される或るものであり、それはちょうど黄色という単純な自然的性質が存在しており、その黄色を黄色という性質ではない或る光の振動と関連させて説明することはできるが、黄色そのものは決して光の振動ではないのと同じように、善を快や効用、さらには神の意志や真なる自己の実現等々と関連させて説明することはできても、それらは決して善そのものでもなければ、それらによって善を定義することもできないのである。ムーアにとって善は、「それぞれのものは、それが在るところのものであって、それ以外のものではない」というバトラーの言葉で指示されるような、ひとつの超越的存在と考えられた。

しかし注意すべきは、ムーアが善は直覚されるしかないと言う場合の「直覚」とは、それが証明できないということを意味しているに過ぎないのであり、われわれがそれを認識する方法や起源については何ひとつ言おうとはしていない。いわんや通常の直覚主義が考えているように、何らかの命題が真であるのは、われわれがそれを特殊な方法で認識するとか、なんらかの特殊な能力の働きによって認識するから、で、あ、る、と言おうとしているのでは決してない。この点がはっきり理解されないかぎり、ムーアの主張は意味のない単なる神秘主義に止まってしまうであろう。いずれにしても、「それ自身において善である」ものは、なんらかの意味において直覚されるしかないのではないだろうか。

これに対して、行為の正・不正あるいは「義務」と言われるものは、直覚によって捉えられるのではない。ある行為が「正しい」とか「義務」であるということを主張する命題は、その証明がいかに複雑で困難な道程を辿る必要があるとしても、証明が可能であるとムーアは考える。この問題はすでに『倫理学原理』の第一章(一五、一六、一七節)および第五章「倫理学の行為に対する関係」のなかで明確に語られているが、本書『倫理学』ではさらに、功利主義の根拠を批判的に検討することによってこの問題を解決し、自己の倫理学的立場をはっきり基礎づけようとしている。

これらの点に関するムーアの議論は次のように要約してよいであろう。すなわち、正しい行為とはそれ自身において善なるものを実現する行為のことであり、したがってそれは、それ自身において善なるものの実現という目的に対する手段であると考えられている。われわれは一般に、「しかじかのものは善い」という表現を目的としての善についても、また手段としての善についても同じように用いるために、この二種類の善はしばしば混同されてきたのであり、そのことが倫理学的議論を混乱に導く主要な理由でもあったのである。そこでまず、われわれはこの二種類の善をはっきり区別しなければならない。目的としての善については、それが証明も反証もされないのであるから直覚されるしかないのであるが、手段としての善については事情は全く異なる。なぜなら、あるものが手段として善いかどうかを判断するためには、われわれはそのものがいかなる結果を生むかを因果的に判断しなければならず、この因果的判断は原因と結果の関係についての探求によって、その正・否を検討することができるという意味で、それは証明可能であると考えられるからである。行為についてもこれと同じようなことが言われうるであろう。

すなわち、われわれが或る行為の正・不正を判断するためには、まずその行為から生ずるいろいろの結果を因果的に検討しなければならないであろう。もちろん、その場合たんに因果的判断を下すだけで行為の正・不正が明らかになるのではなく、われわれはこの判断に基づいてさらに、その行為から生ずる諸結果のうちに、それ自身において善なるものがどれだけ含まれているかを判断する必要がある。この後者の判断そのものは既に明らかなように、それ自身において善なるものについての直覚的判断を根拠として行われるのであり、この直覚的判断によってわれわれが何が善であるかを捉えているかぎり、行為が正しいかどうかという判断に対しても証明を与えることはできるであろう。この場合その証明に必要な根拠は、一つは、当の行為の結果についての真理、つまり因果的真理であり、他の一つは、それ自身によってその真理性が示される倫理的真理であって、この二種類の命題を、しかもその二種類の命題のみを含むところのものでなければならない。

このようにして、行為の正しさについての判断に対しては証明を与えることができるのであるが、ただ行為についての倫理的判断の場合には、自然科学的判断の場合と異なってきわめて複雑な因果関係を考察せねばならないので、それに確実性を与えることはほとんど不可能であると言わねばならない。たとえば、「この行為はしかじかの条件のもとでは常にしかじかの結果を生む」という形の法則を見出すことはまず不可能である。というのは、われわれは或る行為がいかなる状況のもとに行われようとも一定の結果を生むであろう、ということを決して知ることはできないからである。同一の行為であっても、それが異なった状況のもとで行われるならば、全く異なった結果を生むことは明らかである。さらに、行為についての因果的判断は原因と結果の直接的関係を示すだけではなく、当の行為の諸結果がはるかな未来にわたって生むであろうすべての結果を、全体として考慮しなければならないのであるから、その意味ではもはや人間の能力を越えた問題であると言わねばならない。もっとも、われわれは通常、洞察しうるかぎりでの近い将来における結果を考慮することで満足しなければならないし、それですら完全に満足のいく結果をうることはほとんどありえない、と言わざるをえないのではあるが。

それにしても、行為の正・不正についての倫理的判断が、たとえ原理的であるにせよ証明が可能であるとするならば、「われわれは何を為すべきか」という問いに対する答えは、それぞれの随意的行為から生ずるあらゆる結果を考察し、その結果がそれぞれに持つ内在的価値の総計がもっとも大きくなるような行為を、それらのなかから選ぶべきである、ということになるであろう。かくしてムーアは、「義務とは他のあらゆる可能的行為よりも、この世界のうちにより多くの善を存在せしめるような行為であると定義するのである。とは言え、義務である行為が常に善なる結果のみを生むわけではない。善なる結果のみを生み、決して悪なる結果を生まないような行為はおそらくありえないのではないであろうか。いかなる行為も直接には善なる結果を生みうるのではあろうが、その結果からさらに悪い結果が生じることもあるであろう。だとすれば、われわれは行為から生ずるすべての結果を可能なかぎり考察して、それらのうちに含まれる善の総量と悪の総量とを確認し、それらの差し引き計算によってもっとも大きな善の差額が残るであろう行為を義務である、と考えるほかないであろう。

このようにムーアは、行為の正しさをその行為が生む結果から判断しようとする点で、明らかに一種の功利主義的立場をとっている。功利主義とは一般に、行為の正・不正をその結果によって判断する立場であり、正しい行為とは善なる結果に対する有用な手段としての行為である、と考える立場のことである。ベンタムやJ・S・ミルの場合には、行為の目的は快であり、正しい行為とは最大量の快を生む行為のことであると考えられているが、ムーアの場合には、最大量の善を生む行為を正しい行為であると考えるのであるから、かれの功利主義は通常のそれとは区別されて、非快楽主義的功利主義 non-hedonistic utilitarianism または理想主義的功利主義 ideal utilitarianism とも称されるのである。この立場を基礎づけることが本書の中心問題であると考えられる。

もちろん、ムーアの倫理学に問題がないわけではない。むしろ、それが倫理学の根本問題を正面から取り上げているがゆえに、それだけ一層多くの問題を提供したと言ってよい。たとえば、善の直覚の問題や正と善との関係をめぐる議論などがそうである。これらの事柄についてはここでは触れないことにする。ただひとつ私見をつけ加えるならば、かれが『倫理学原理』のなかで「それ自身において善なるもの」、つまり「善い」または「内在的価値」の直覚を説き、その第六章でこれに対する積極的説明を試みてはいるのであるが、決して十分な答えとはなっていないし、本書の終章で「内在的価値」を語り、さらに“The Concept of Intrinsic Value”（「内在的価値の概念」——拙訳『倫理学原理』再版付録）を書いてその解決に努めているのではあるが、結局満足のいく答えは得られていない。ここにムーア倫理学のもっとも重要な問題点があるように思う。

一九七七年三月

深谷昭三

りぶらりあ選書
倫理学
1977年4月15日　初版第1刷発行
2011年11月11日　新装版第1刷発行

著　者　ジョージ・エドワード・ムーア
訳　者　深谷昭三
発行所　財団法人 法政大学出版局
〒102-0073 東京都千代田区九段北3-2-7
Tel. 03（5214）5540／振替 00160-6-95814
製版，印刷　三和印刷
ベル製本

ISBN978-4-588-02302-6
Printed in Japan

著　者

ジョージ・エドワード・ムーア
(George Edward Moore)

1873－1958．イギリスの哲学者，倫理学者．ロンドン郊外のアパー・ノーウッドに生まれる．ケンブリッジ大学に学び，後に同大学講師，同大学教授（1925－38）．また，「マインド」誌の編集に携わり（1921－47），1903年同誌に「観念論の論駁」を発表，ブラッドリーらのヘーゲル主義を批判していわゆる新実在論の嚆矢となる．さらに同年に『倫理学原理』を出版し20世紀の倫理学界に極めて大きな反響を呼び，1912年の本書『倫理学』では，功利主義の根拠を批判的に検討して理想主義的功利主義を確立した．ほかに『哲学研究』（1922），『哲学の主要問題』（1953）などがある．

訳　者

深谷昭三（ふかたに　しょうぞう）

1928年広島県に生まれる．1952年京都大文学部哲学科卒業，1960年同大学大学院修了．1968－69年ハイデルベルク大学留学．甲南大学文学部教授．1996年死去．主な著訳書：『現象学と倫理』，ムーア『倫理学原理』，シュッツ『現象学と社会の学』，マッキンタイヤー『西洋倫理学史』，フリングス『マックス・シェーラーの倫理思想』ほか．